WALLFAHRTEN IM GEBIRGE

Wallfahrer müssen nicht in „Sack und Asche" herumlaufen. Sie können moderne Menschen - und fröhlich sein!

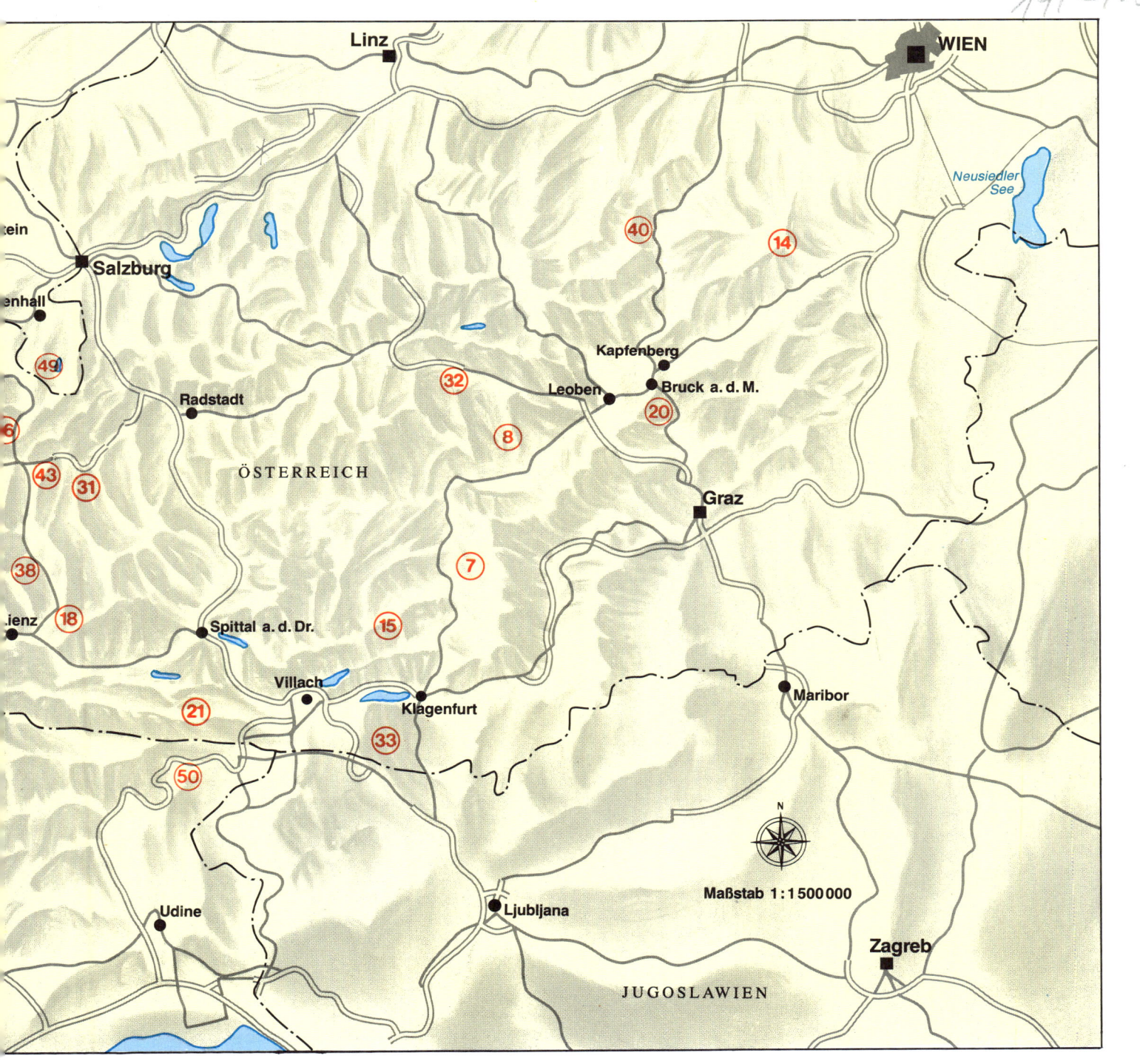

Christine und Karlheinz Schemmann

WALLFAHRTEN IM GEBIRGE

50 Wanderungen in den Alpen

Verlag J. Berg

Titlbild: *Bachprozession nach Wanns im Jaufental.*

Umschlaggestaltung: Wolfgang Lauter, München

Bildnachweis:
Bild S. 28: Friedrich Piber
Bild S. 100/101: Hermann Kothmeier
Bild S. 147: Hans Walder
Alle übrigen Fotos von Karlheinz Schemmann.

Kartenskizzen: Landkartentechnik K. Becker, Gernlinden,
in Zusammenarbeit mit dem Ingenieurbüro für Karthographie
A. Sommer, München.

ISBN 3-7634-1039-2
© Verlag J. Berg
München 1991
Layout: Karlheinz Schemmann
Lithographie: Rolf Gerstl
Offsetreproduktion, Aschheim
Satz: satz-studio gmbh, Bäumenheim
Druck: Biedermann, München
Bindung: Sigloch, Künzelsau
Printed in Germany

Inhalt

Frömmigkeit in den Bergen
Aus einer anderen Wurzel des Glaubens 7

1. Maria Eck am Hochfelln
Ein Gipfelkreuz für die Franziskaner 14

2. St. Magdalena am Schrofen
Wandmalereien aus dem Mittelalter 16

3. Maria Waldrast am Serles
Die gekrönte Maria auf dem Lärchenbaumstock . . . 19

4. Heiligkreuz bei Latzfons
Zum Gerichtsumgang ein Pferd für Hochwürden . . 20

5. Maria am geklobten Stein
Schmugglerpfad zur Muttergottes an der Ache 23

6. Maria im Kirchenthal
Eine Dankwallfahrt für den Staatsvertrag 24

7. Maria von Waitschach
Unter jeder Wiesenmulde liegt ein toter Türke 26

8. Maria Schnee bei Seckau
Auf der Hochalm eine Kirche für die Hirten 31

9. Birkenstein am Wendelstein
Gottesbraut im Rokokokabinett bei Fischbachau . . 33

10. Dreikirchen am Ritten
Wo der Dichter Morgenstern seine Braut fand 34

11. Putzenkreuz am Kaser
Verbotene Wallfahrt, und der Pfarrer vor Gericht . . 37

12. Bachprozession in Wanns
Das Leiden des heiligen Johannes von Nepomuk . . 38

13. Zugspitz-Kapelle am Platt
Zum Heiraten auf den höchsten deutschen Berg . . . 43

14. Elisabeth-Kirche am Schneeberg
Zur Erinnerung an eine traurige Kaiserin 44

15. Vier-Berge-Lauf bei St. Veit
Pilgerzüge zu den Kultstätten der Noriker 46

16. Einsiedelei bei Saalfelden
Die frommen Brüder von der Georgskapelle 54

17. St. Gerold im Walsertal
Ein Ort zur Rast auf der großen Fahrt des Lebens . 56

18. Das Marterle im Mölltal
Eine Bergkirche im Angesicht der „Unholden" 59

19. Jakobstöckl am Jakobskopf
„Aber dafür ist mein Sterben um so schöner" 60

20. Schüsserlbrunn am Fels
Durch die Klamm zur Mariahilf für das liebe Vieh . 64

21. Deutsche Kirche am Dobratsch
Bergpredigt für die Knappen aus dem Bleiberger
Tal 67

22. Kreuzkapelle Sinnesbrunn
Eine Handgranate tötete das Mädchen nach
Kriegsende 69

23. Ahrner Kreuzgang nach Ehrenburg
Göttlicher Zorn wegen Rauferei und sittlichen
Unfugs 70

24. Felsenkapelle im Gschlöß
Auf den Spuren der alten Säumer im Tauerntal 74

25. Welsberger Kreuzgang
Moderne Pestwächter am Furkelpaß 76

26. Mariahilf in Hollbruck
Totgeborene Babies wurden zum Leben erweckt . . 82

27. **Walserkirche in Damüls**
    Heimat für freie Bauern auf freier Scholle 84
28. **St. Oswald am Iffinger**
    Wanderung von der alten Welt in eine neue 87
29. **Kreuzkapelle auf der Raschötz**
    Ein Pferd lag verhungert vor dem Altar 89
30. **St. Martin im Kofl**
    Über das Joch zur Gnadenmutter im Schnalstal ... 92
31. **Drei-Waller-Kapelle im Gasteiner Tal**
    Starben sie bei der Rückkehr in die Heimat? 94
32. **Heiligenbrunn im Gesäuse**
    Wer hier betet, spart 50 Jahre im Fegefeuer 96
33. **Annakapelle am Matzenberg**
    Soldatenmesse am Fuße der Karawanken 100
34. **St. Johannes auf der Salve**
    Hinter Glas das abgeschlagene Haupt des Heiligen ... 102
35. **Maria-Heimsuchung-Kapelle**
    Wie ein Fürst zum Harlaßanger am Gaisberg
    pilgerte 104
36. **Unsere liebe Frau im Walde**
    Wo sie von ihrem „Deitschsein" nicht lassen
    wollen 107
37. **Heiligkreuz am Kreuzkofel**
    Erinnerungen an Golgatha vor Dolomitenwänden . 108
38. **Pinzgauer Wallfahrt**
    Durchs Hochgebirge zum „heiligen Blut" am
    Großglockner 110
39. **Mariahilf am Freienbühel**
    Andacht bei der „Heimkehrermutter" unter der
    Plose 117

40. **Mariazeller Weg ab Puchberg**
    Die „Via Sacra" zur Großen Mutter Österreichs 118
41. **Totenkirchl am Schartl**
    Ein Bub starb auf der Flucht vor dem „Schwarzen
    Tod" 122
42. **Drei Brunnen bei Trafoi**
    Gletscherwasser aus dem Bauch des Ortlers 124
43. **Maria Elend von Embach**
    Der Erzbischof befahl den Abriß der Kirche 128
44. **Maria Himmelfahrt bei Kauns**
    Eisfrei über das Wallfahrtsjöchl zum Gnadenort ... 130
45. **Agathakirche am Kristberg**
    Heimat für die letzten Walsertrecks 134
46. **Maria Weißenstein am Weißhorn**
    Perfektes Management bei den Serviten 137
47. **Bartholomä-Wallfahrt ab Alm**
    Pilgern über das Steinerne Meer zum Königssee ... 141
48. **St. Silvester bei Toblach**
    Vierfacher Segen soll ihr Tal vor Unheil schützen . 146
49. **Wendelinkapelle auf Schnepfegg**
    Ein stiller Gruß aus längst vergangener Zeit 150
50. **Maria auf Luschariberg**
    Bittgänge zur „Königin der europäischen Völker" .. 152

Anhang

Orts- und Wanderkarten-Register 154

Literatur 155

Frömmigkeit in den Bergen:

Aus einer anderen Wurzel des Glaubens

Der kleine Junge war etwa zehn Jahre alt und gar nicht dumm. Er hatte rote Haare und Sommersprossen. Er kam aus dem Ruhrgebiet und war mit seinen Eltern zum erstenmal in den Bergen gewesen. Nun gingen die Ferien zu Ende.

Es war der letzte Abend beim Greitlbauern. Sie hatten gegessen und saßen noch eine Weile in der „Stubn", durch deren kleine Fenster man tief ins Tal hinunter schauen konnte - da stellte der Junge plötzlich diese Frage: „Warum sind hier oben in den Bergen so viele Kreuze?"

Sein Vater war Computerfachmann und Abteilungsleiter in einem großen Industriewerk. Wir wußten auch, daß er gern lachte, Skat spielte, manchmal richtig witzig und schlagfertig sein konnte, aber mit Religion und Kirche „wenig am Hut" hatte. Es wäre deshalb nicht verwunderlich gewesen, wenn er jetzt mit einem seiner schnellen Gags geantwortet hätte: „Es gibt so viele Kreuze auf den Bergen, weil die Kirche einen tollen Werbemanager hat!" Aber diesmal verzichtete er darauf. Mit Zynismus wollte er seinem Sohn nicht kommen. Statt dessen sagte er nach einer Weile langsam: „Also ich glaube, es liegt daran, daß hier die Leute besonders fromm sind."

Wir haben später oft über die Frage des Jungen und die Antwort des Vaters nachgedacht. Und je öfter wir uns an diese Szene erinnerten, desto klarer wurde uns, daß es tatsächlich z w e i Wurzeln der Frömmigkeit gab, die Gläubige im Flachland von ihren Brüdern und Schwestern im Bergland unterscheiden.

Die Menschen in den Bergen sind nicht nur geographisch dem Himmel näher, sie haben auch ein grundsätzlich anderes Verhältnis zu Gott. Das verraten nicht nur die in den Alpen üblichen Herrgottswinkel, die es in der Tiefebene an den Küsten nicht gibt, das hatte uns im schweizerischen Bergdorf Vna auf besonders eindrucksvolle Weise auch schon Frau Ladina Tung gezeigt, deren Vorfahren im 17. Jahrhundert eine lebende Kuh als Preis für die Bibel hergaben, in der die Pensionswirtin auch heute noch oft andächtig blättert.

Richtig bewußt aber wurde uns dieser Unterschied erst, nachdem wir - eher zufällig als geplant - damit begannen, uns für das Leben der Bergbauern zu interessieren. Natürlich waren uns auch schon früher die zahllosen Marterln und Bildstöcke, Kapellen und Gipfelkreuze aufgefallen, die meist so malerisch in der Landschaft stehen. Und mehr als einmal hatten wir uns schon gefragt, wer diese Bildtafel wohl gemalt, dieses Kruzifix wohl aufgestellt habe. Doch dabei war es dann immer geblieben. Nie hatten wir wirklich ernsthaft nachgeforscht, welche Menschen und Schicksale dahinter standen, welche Ereignisse damit verbunden waren.

Das änderte sich erst, als wir den „Schwarzen Herrgott" von Latzfons kennengelernt hatten (Tour 4). Von da an bestaunten wir nicht mehr nur die oft phantastischen Details, sondern suchten auch nach den meist verborgenen Zusammenhängen oder Ursprüngen. Und ganz allmählich dämmerte dabei die einfache, aber doch wichtige Erkenntnis: In den Bergen ist auch die Frömmigkeit anders!

Näher am Himmel: Die Groder-Kapelle im Virgental.

Zwar beten alle zum selben Gott, doch die Motive der Menschen in den Bergen sind andere als die der Gläubigen im Flachland. Vereinfacht könnte man sagen: während in den Niederungen, wo das Klima milder und der Boden fruchtbarer ist, das künftige Seelenheil im Jenseits, die Aufnahme ins himmlische Paradies die beherrschende Rolle spielt, nimmt im Bergland, wo das Klima rauher und der Boden weniger fruchtbar ist, diesen Platz die Bitte um Unterstützung im Daseinskampf auf Erden ein.

Macht das die einen frömmer als die anderen? Sind diese egoistischer und jene christlicher? Wir meinen: nein! Aber es lohnt vielleicht, darüber nachzudenken, welche Konsequenzen dieser Unterschied hat.

Wir geben zu, daß es berühmtere Wallfahrtsorte gibt als die von uns ausgewählten. Natürlich sind auch Altötting, Andechs, Benediktbeuern, Ettal, Tuntenhausen, Wessobrunn oder die Wieskirche empfehlenswerte Ziele, deren Besuch niemand versäumen sollte. Doch sie alle gehören nicht zu jenen „Wallfahrten im Gebirge", die w i r meinen: die weniger berühmten, oft kleineren, meist schwieriger zu erreichenden, vielleicht nicht ganz so prächtigen, dafür manchmal aber älteren oder echteren Wallfahrtsorte, die ihre ursprüngliche Bedeutung noch nicht völlig den Bedürfnissen des modernen Massentourismus opferten.

Eine durchaus s u b j e k t i v e Auswahl also, aber vielleicht trotzdem geeignet als Anregung für eigene Touren, die abwechslungsreiche Erlebnisse versprechen: neben Bergwanderungen auch kulturelle Schätze, neben der Möglichkeit zur stillen Einkehr auch das überraschende Gemeinschaftsgefühl. Denn auf den Spuren der Wallfahrer gibt es immer noch viel zu entdecken.

Da läßt sich, zum Beispiel, der Blick für künstlerische Stilelemente schärfen (romanische Fresken, gotische Madonnen, barocke Altäre). Da werden Zusammenhänge zwischen Vergangenheit und Gegenwart deutlich, zwischen Landschaft und Kultur, Mensch und Umwelt,

Aber im Bergland, wo die Lebensbedingungen härter sind, ist Hilfe im Daseinskampf wichtiger als das Seelenheil.

Aufbruch in Sörg: vorbei an Marterln und Bildstöcken.   *Dem Wetter getrotzt: Olanger Bildstockfresken.*

Himmel und Erde. Und man kann lernen, gewisse Vorurteile zu korrigieren.

So müssen Wallfahrer keineswegs immer Duckmäuser sein, die in Sack und Asche herumlaufen und pausenlos Gebete murmeln. Sie können, ganz im Gegenteil, moderne Menschen sein, die bunte Anoraks tragen und fröhlich sind, vielleicht etwas bescheidener als andere, dafür aber Wort halten und ihr Ziel mit Geduld und Zähigkeit zu erreichen suchen. Die finanzielle Opfer bringen, körperliche Strapazen ertragen und oft auch lebensgefährliche Abenteuer bestehen. Frei nach dem 1786 im Voß'schen „Musenalmanach" veröffentlichten Motto: „Wenn einer eine Wallfahrt tut, so kann er was erzählen".

Alte Chroniken berichten von Gruppen, die nachts an Pestwächtern vorbeischlichen (Tour 25), die im See ertranken, als ihr Boot kenterte (Tour 47), die verfolgt wurden, weil sie Verbote mißachteten (Touren 11 + 38), die oft mit Frauen und Kindern, Pferd und Wagen tagelang unterwegs waren (Tour 40), oder die im Schneesturm erfroren (Tour 38), nur weil sie ein gegebenes Versprechen einlösen wollten, dem Heiland oder der Muttergottes Dank abzustatten für eine Hilfe, die andere als bloßen Zufall ansahen.

Waren sie deshalb leichtgläubige Narren, über die man nur den Kopf schütteln kann – oder verdienen sie vielleicht doch Respekt und Verständnis? Darüber mag man streiten. Fest steht, daß Wallfahrten nicht aus der Mode gekommen und uralte Bräuche an vielen Orten lebendig geblieben sind. Einzelheiten haben sich geändert – aus stillen Waldwegen wurden manchmal asphaltierte Fahrstraßen, unter die heimischen Trachten mischen sich immer mehr Kunststoff-Anoraks – doch auch heute noch suchen überall Menschen nach Wegen zum Heil.

Im Mittelalter standen, neben der Bitte um gute Ernte, gesundes Vieh und Schutz vor Unwettern, vor allem zwei Wallfahrts-Motive im Vordergrund: die Angst vor den

Ankunft in Zweikirchen: am Dorfrand wurden die Teilnehmer des Vier-Berge-Laufs mit Meßdienern und Fahnen empfangen.

Türken, die damals halb Europa bedrohten und bis Wien vordrangen (Tour 7), und die Angst vor der Pest, dem Schwarzen Tod, dem damals rund 25 Millionen Europäer zum Opfer fielen. Gemeinden, die von der Epidemie verschont blieben, errichteten aus Dankbarkeit prächtige Pestsäulen (z.B. in Perchtoldsdorf und im Kloster Heiligenkreuz an der 150 km langen „Via Sacra" von Wien nach Mariazell) oder schlichte Bildstöcke wie bei Olang, deren Fresken vermutlich um 1460 entstanden, seitdem Wind und Wetter trotzten und bis heute in bewundernswerter Farbfrische erhalten blieben.

Kunsthistorisch weniger bedeutend, menschlich aber um so eindrucksvoller sind die unzähligen Votivbilder, die an vielen Wallfahrtsorten öffentlich ausgestellt sind (Tour 46) oder in speziellen Museen aufbewahrt werden. Eine unschätzbare Sammlung, die von persönlichen Schicksalen, schweren Prüfungen und empfangener Hilfe zeugt, mit Namen, Ort und Datum - hier ein paar Beispiele: Pietro Zambotti, der 1876 von schwerer Krankheit genas... R. Undergassen aus Kaltern, der 1947 glücklich aus Kriegsgefangenschaft heimkehrte... Steffi Wittauer aus Traunstein, die 1989 eine schwere Operation überstand... Giovanni Varesco, der 1941 zwischen zwei Eisenbahnwaggons geriet und gerettet wurde... die Eheleute Pankraz Dürfter und Susanne Boglin, die sich „verlobten", nachdem sie 1838 durch eine Viehseuche schweren Schaden erlitten...

Sich verloben - das bedeutete früher noch etwas anderes als heute: nicht nur das öffentlich gegebene Versprechen, miteinander die Ehe einzugehen, sondern auch das feierliche Gelöbnis (Gelübde), für den Fall der Gotteshilfe eine bestimmte religiöse Leistung zu erbringen oder Enthaltung auf sich zu nehmen. Das konnte eine Anzahl von Gebeten oder die Stiftung einer Kerze sein, der Bau einer Kapelle, die Teilnahme an einer Wallfahrt, lebenslange Keuschheit oder der Eintritt in ein Kloster.

Und heute?
Wer glaubt, am Ende des 20. Jahrhunderts, im Zeitalter von Autos und Flugzeugen, Computern und Raketen, Atombomben und Raumschiffen hätte das alles keine Bedeutung mehr, weil aufgeklärte oder mündige Bürger „sowas" nicht brauchen, der irrt. Zwar haben Türken und Pest ihre Schrecken verloren, doch dafür beherrschen andere Ängste die Menschen unserer Zeit. Davon künden Eintragungen in Bittbüchern, die noch an manchen Wallfahrtsorten aufliegen: „Bitte mach, daß unsere Schulden nicht noch größer werden"... „Befreie ihn von dieser Sucht"... „Erlöse sie von ihrem Leiden"... „Laß es nicht Aids sein"... „Gib, daß Gorbatschow Erfolg hat und Frieden bleibt"...

Unter dem Sammelbegriff „Wallfahrt" verbergen sich viele Formen religiöser Übungen, die von Fachleuten genau unterschieden werden: mehrwöchige Pilgerreisen und fünfstündige Flurumgänge, Kreuzgänge und Kirchfahrten, Springprozessionen, Blutritte, Bittgänge und Geißelfahrten, auf den Knien oder zu Pferde, zu Fuß oder mit Auto und Bahn. Zwei Merkmale haben alle diese „rituellen Ortsveränderungen" gemeinsam: den Wechsel zwischen Ruhe und Bewegung (die der Berliner Religionsforscher Professor Alfred Bertholet „zwei wichtige Verhaltensweisen in der religiösen Praxis" nannte) und „gewisse Orte als Sammelpunkte übernatürlicher Kräfte, wo göttliche Hilfe sicherer zu erlangen ist als anderswo".

Beide Kriterien weisen darauf hin, daß Wallfahrten älter sind als das Christentum oder andere Religionen. Schon lange vor Jesus, Mohammed oder Buddha machten sich überall Menschen auf den Weg, um an ausgewählten Kultplätzen Opfer zu bringen und die Götter durch gemeinsame Gebete gnädig zu stimmen. Wie weit die einzelnen Quellen auch reichen, es gibt aus jedem Kulturkreis und jedem Jahrtausend Zeugnisse, die von „heiligen Stätten" berichten, an denen „Wunder" geschahen.

Viele unserer heutigen Wallfahrtsziele stehen an Plätzen, auf denen sich einmal vorchristliche Heiligtümer befanden (Tour 15). Es ist also legitim, sich während der eigenen Wanderung einmal vorzustellen, wie es dort wohl vor 2000 oder gar 10 000 Jahren aussah, als es noch keine Parkplätze für Busse und keine Kioske gab, die Kruzifixe und Rosenkränze gleich reihenweise zum Verkauf anbieten. Sangen und tanzten damals dort die Beuronier, jene Steinzeitleute, die gerade begannen, ihre Keramik mit Linearband-Mustern zu verzieren? Waren die ersten, die hier Feuer entfachten und ihre Hohenpriester durch berauschende Getränke in Ekstase versetzten, noch Etrusker oder schon Kelten? Noch heidnische Römer oder schon frühe Christen, die hier Weihrauch aufsteigen ließen, das erste feste Gotteshaus errichteten und dessen Wände mit Bildern der Leidensgeschichte ihres Herrn schmückten?

Die Hoffnung der Gläubigen konzentriert sich dort fast immer auf Gnadenbilder sehr verschiedener Art und Herkunft. Das können sowohl geschnitzte oder gemalte Darstellungen von Jesus Christus und der Muttergottes als auch Reliquien sein, also ein Splitter vom Kreuz Christi, der Mantel eines Apostels oder die Gebeine eines Heiligen. Entscheidend dabei ist „Mana", die von polynesischen Religionen aufs Christentum übergegangene Vorstellung, daß „die Kraft wundertätiger Menschen nicht mit ihrem Tode verlorengeht, sondern an allem haftet, was von ihrem eigenen Körper übrig ist, oder womit sie auch nur in Berührung gekommen sind" (Bertholet). Martin Luther lehnte den Glauben an bestimmte Gnadenorte ab, weil er das für unvereinbar mit der Allgegenwärtigkeit Gottes hielt. Das ist auch der Grund dafür, daß es in überwiegend protestantischen Ländern (z. B. der Schweiz) so gut wie keine Wallfahrten gibt.

Wir konnten (und wollten) keine medizinhistorischen Nachforschungen über die Wirksamkeit des Wassers bei Augenleiden oder Frauenkrankheiten anstellen, die manchen Wallfahrtsorten zugeschrieben wird. Wir verzichteten auch darauf, in Krankenakten nachzuprüfen, ob die stumme Maria Rottenstötterin aus Wien anno 1633 tatsächlich während eines Gottesdienstes die Sprache

Trotz Nebel und Regen: Einweihung eines Kreuzes am Pürschling - wie 1944 im Rußland-Krieg versprochen.

wiedererlangte (wie es das große Votivbild in der Kirche von Annaberg an einem der fünf berühmten Wallfahrtswege nach Mariazell darstellt). Wir begnügten uns mit aktuellen Interviews und persönlichen Beobachtungen. So blieb bei allen 50 ausgesuchten „Gnadenorten" der Schleier des Geheimnisses bewahrt, der das Wunderbare ausmacht.

Zum Schluß noch ein praktischer Hinweis, der vielleicht hilft, Enttäuschungen zu ersparen: An vielen Orten sind die traditionellen Termine der Bittgänge oder Dankprozessionen auf das jeweils nächstliegende Wochenende verschoben worden. Davon ausgenommen blieben u.a. der Kärntner Vierbergelauf am „Dreinagelfreitag" (Tour 15), die Kreuzgänge aus dem Ahrntal (Tour 23) und von Welsberg (Tour 25), die „Bartlmä"-Wallfahrt (Tour 49), die Pinzgauer Wallfahrt (Tour 38) und die Judenburger Viertage-Gelöbnisfahrt (Tour 7). Dort lassen weder Sturm noch Regen, Frost noch Schnee die Pilger zögern, ihren gewohnten Gnadengang zu den überlieferten Terminen anzutreten. Gleichgültig auch, ob sich am Zielort, meist sogar direkt neben der Kirche, ein Gasthaus befindet oder nicht ...

Maria Eck (780 m) am Hochfelln

1

Ein Gipfelkreuz für die Franziskaner

Maria Eck: Erbaut im Dreißigjährigen Krieg.

In der klassischen Bergliteratur kommt der Hochfelln (1674 m) nicht vor. Warum hat man diesen reizvollen Aussichtsberg im Chiemgau so stiefmütterlich behandelt? Von seinem Gipfel aus sieht man nördlich in der Ebene den Chiemsee, mit 80 Quadratkilometern der größte See in den Bayerischen Voralpen. Von den bizarren Grasbergen, die den Hochfelln umgeben, reicht der Blick gen Süden bei Wetterglück über die Loferer Steinberge hinweg bis zu der Glockner- und der Venedigergruppe. Wir sind überrascht, am Gipfelkreuz den ersten Hinweis auf unser Tagesziel zu Füßen des Hochfelln zu finden. Das Kreuz ist sieben Meter hoch und 36 Zentner schwer. Gegen Ende des letzten Jahrhunderts gossen es die Knappen der Maximilianhütte von Bergen zu Ehren des Bayernkönigs Ludwig I. und als Dank für die Wiedereröffnung des Franziskanerklosters Maria Eck nach der Säkularisation von 1803. In Teile zerlegt, schafften sie es unter Mühen auf den Berg. Etwa um die gleiche Zeit begann die zweite Blüte des Wallfahrtsortes.

Auch die alte Tabori-Gipfelkapelle - 1970 nach einem Brand wieder aufgebaut - und das Gasthaus stammen aus dieser Zeit. Obwohl der Europäische Fernwanderweg 4 vorbeiführt, kann hier nicht übernachtet werden. Der schönste Weg nach Maria Eck führt über die Steinberg- und Hocherbalm.

Zunächst wurde 1626 eine Kapelle von Bauern gebaut, die sich auf dem „Egg" bei einem Alm-Pater vor den Schweden verbargen. Von da an hielt das Mirakelbuch auf 515 Seiten alle Heilungen und wundersamen Ereignisse der Wallfahrer fest. Bald darauf entstand die stattliche, überwölbte Kirche, deren Inneres charakteristisch für den bayerischen Frühbarock ist. Eine russische Ikone, die 1631 von Fürst Radziwill aus Polen geschickt wurde, und die gotische Pietà in der Antonius-Kapelle gehören zu den wertvollsten Schätzen des Gotteshauses, ebenso ungezählte Votivtafeln, darunter auch eine für eine geglückte Operation aus diesen Tagen. Pater Lukas vom Kloster erzählte uns, daß ihm jährlich 200 Buswallfahrten gemeldet werden. Zu Fuß kommen regelmäßig Pilgerzüge aus der Umgebung, der längste aus Obing und Pittenhart von jenseits des Chiemsees.

Hochfelln: Blick vom Chiemsee im Norden bis zum Großglockner im Süden.

Ausgangspunkt: Bergen am Hochfelln (Chiemgauer Alpen/Oberbayern); Parkplatz an der Seilbahn-Talstation (auch mit PKW bis Kirche). **Gehzeiten:** Ab Gipfel zur Kirche 3 Std., weiter zum P. 1 Std.; Wegweiser, ab Mittelstation Nr. 71. **Wallfahrten:** ganzjährig; Patroziniums-Gottesdienst: 8.9. (Mariä Geburt).

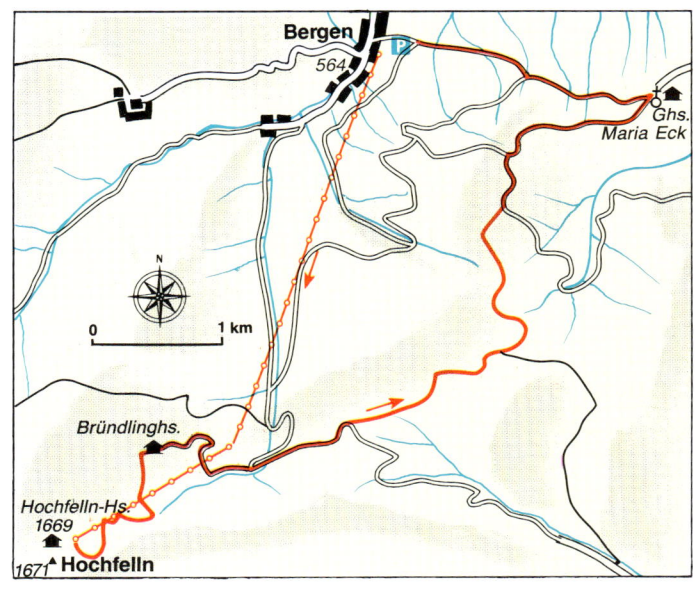

2
Wandmalereien aus dem Mittelalter

St. Magdalena (1664 m) am Schrofen

Im Gschnitztal leuchteten die Wiesen grün.

Im September 1787 sei die Kirche auf dem winzigen Anger am Fels, hoch über dem Gschnitztal, „entweiht" worden. So steht es in ihren Annalen, ohne Erklärung, durch wen oder was. Etwa durch den Reformer und Aufklärer Kaiser Joseph II. (1741-1790), den Sohn von Maria Theresia, der vor der Verweltlichung kirchlicher Besitztümer nicht zurückschreckte? Dabei ist St. Magdalena ein kulturgeschichtliches Kleinod, denn in den Annalen steht auch, daß dieser Wallfahrtsort schon 1307 in einer Stiftungsurkunde erwähnt und vermutlich sogar über einer noch älteren, vorchristlichen Kultstätte errichtet wurde. Nach der Säkularisation zankten sich die Dörfer Trins und Gschnitz um die Kirche, bis das Los zugunsten von Trins entschied. So mußten fortan die nicht mit Reichtümern gesegneten Trinser den Bau in Schuß halten. Kein Wunder, daß an den kostbaren romanischen und gotischen Fresken der Zahn der Zeit nagte. Erst vor gut 20 Jahren wurde dem Verfall Einhalt geboten - nicht von Trins, sondern vom Pfarrer Schipflinger aus Gschnitz, den das ramponierte Gotteshaus und die Fresken dauerten.

Um allen Querelen aus dem Weg zu gehen, hatte er das Kirchlein kurzentschlossen für 99 Jahre gepachtet. Das Dach wurde erneuert und für den Schatz der ältesten Wallfahrt des Wipptales, die teilweise bereits zerstörten Fresken, wenigstens das Nötigste zur Erhaltung getan. Aber um ihre Pracht voll entfalten zu können, bräuchten sie immer noch einen begeisterungsfähigen Sponsor.

Die Legende erzählt, daß ein Herr von Schneeberg seine Sünden büßen wollte. Deshalb belud er einen Esel mit Geld und schickte ihn los. Auf dem Berglerschrofen blieb das Tier stehen - und genau da ließ der Mann die Kirche bauen. Die Legende weiß auch, daß Kaiser Maximilian I., der als großer Jäger und letzter Ritter in die Literatur einging, diesem Gnadenort gewogen war und daß ein Einsiedler ihn betreute.

Als wir uns am 29. Mai 1990 auf den Weg machten, hatte es bis auf 1300 m herab geschneit. Aber der Himmel klarte auf; im hinteren Gschnitztal leuchteten die Wiesen frühlingsgrün. Nur die Berge waren weiß überpudert; dicke Schneepolster fielen plumpsend von Fichten und Lärchen. Der Waldpfad wurde schmaler und steiler.

Nicht selten haben wir bei den Recherchen und Wanderungen für dieses Buch den Atem angehalten, wenn sich unerwartet, in den vergessensten Winkeln, unvergleichliche Zeugnisse des Lebens unserer Altvorderen auftaten. Wie mühsam haben sie noch vor 100 Jahren ihren Lebensunterhalt verdient! Unter welchen Strapazen und Opfern ihre Andachtsplätze auf Hochalmen oder an den Fels gebaut - wie hier!

Erst auf den letzten Metern tauchte die unvermutet komplexe Anlage auf, mit Turm, flacher Sakristei und hohem, geschindeltem Schiff - der Fachmann spricht von einem Netzrippengewölbe -, dessen Pracht im leicht verwahrlosten Innern überrascht. Die Feuchtigkeit hat den Wandmalereien schon wieder zugesetzt. Es war kalt, wir fröstelten.

Plötzlich unterbrach der Lärm einer Motorsäge die Stille. Neugierig untersuchten wir den Vorraum und entdeckten die Tür zu einer „Gaststube". Sie war verschlossen, weiter hinten im Gang stand jedoch ein Schuppenverschlag offen. Dort trafen wir Peter Pranger, der seit 15 Jahren (immer von Mitte Juni bis Oktober) die zur Jausenstation umfunktionierte Einsiedelei betreut. Wer sich früher hier, inmitten des Labyrinths von Wäldern und Felsen, abseits der alten Brennerstraße, zu immerwährender Andacht oder zur Buße, in tiefster Einsamkeit auf dem „Berg Trins" niederließ, der war auf die Gnade Gottes angewiesen, um zu überleben. Wie ein grüner Herrgottswinkel liegt der Wiesenfleck hinter der Kirche.

„Ihr habt Glück", sagte der moderne Einsiedler, „ich bin heute nur zufällig da; außer der Zeit ist sonst immer zugesperrt." Während er einen Begrüßungs-Obstler einschenkte, erzählte der Trinser, daß er im Winter als geprüfter Skilehrer und Tourenführer unterwegs sei und die „Jause" als Hobby betreibe. Er könne sich - besonders seit das Land Tirol den Materiallift finanziert habe - kein

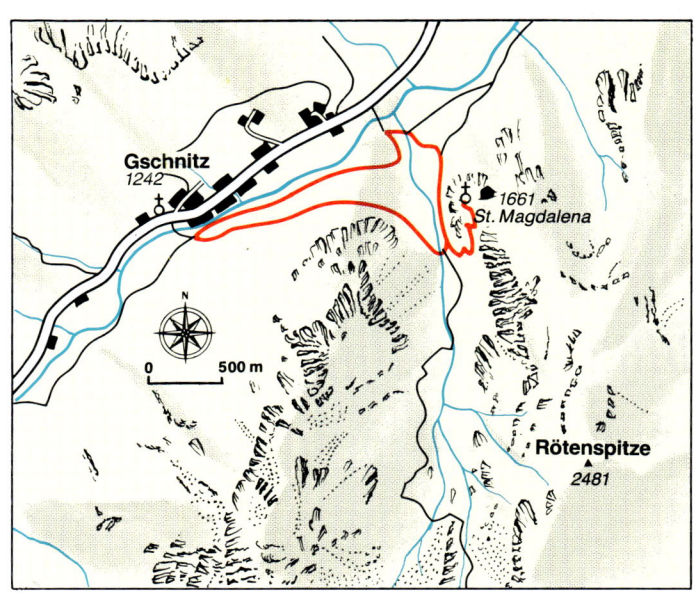

Die unerwartet komplexe Anlage der St.-Magdalena-Kirche taucht erst auf den letzten Metern auf.

schöneres Leben vorstellen; und langweilig sei ihm noch nie gewesen. "Das fing hier erst vor dreißig Jahren an. Ich bin der zweite, der es macht. Die Einsamkeit ist ja nicht jedermanns Sache", meinte er nachdenklich.

In unmittelbarer Nähe hat Peter Pranger am Schrofen einen Klettergarten gebaut, denn sein zweites Hobby ist die Kletterei; er geht sogar Neutouren. Die Goldkappel-Nordwand-Route am Tribulaun eröffnete er für einen toten Bergfreund, dem sie oben ein Kreuz aufstellten. Natürlich kannte er sich auch mit den Wallfahrten zu St. Magdalena aus. "Die Einheimischen gehen jedes Jahr am zweiundzwanzigsten Juli auf den Berg", erzählte er: "Früher kam regelmäßig ein Bittgang aus Patsch bei Innsbruck. Die Bauern wollten damit den Wind von ihrem Sonnenhang wegbeten. Sie gingen schon vor Mitternacht los und waren so um zehn Uhr hier. Heute kommt nur noch einer, ganz allein..."

Ausgangspunkt: Gschnitztal am Brenner (Stubaier Alpen/Tirol), parken in Gschnitz. **Gehzeiten:** 1 bis 1 ½ Std., Weg Nr. 52 und Punkte. Patroziniums-Gottesdienst: 22.7. (Magdalena).

3

Maria Waldrast (1641 m) am Serles

Die gekrönte Maria auf dem Lärchenbaumstock

Zweimal „aufgehoben": Kloster Maria Waldrast.

Ursprünglich stand hier, über Matrei am Brenner, seit Anfang des 15. Jahrhunderts nur eine kleine Waldkapelle. Einst haben sogar Tiroler Landesfürsten vor der „Maria auf dem Lärchenbaumstock" das Knie gebeugt. Die Pilger kamen von weit her, sogar aus Kärnten. „Vorzüglich aufgesucht wegen totgeborener Kinder, die behufs Taufe zum Leben erweckt wurden oder Lebenszeichen gaben", so schlicht eines der mittelalterlichen Motive.

Hausherren sind die Serviten, eine Ordensgemeinschaft, die Mitte des 13. Jahrhunderts in Florenz von sieben frommen Männern gegründet wurde. Nach der ersten Auflösung und Zerstörung unter Kaiser Joseph II. bauten die Ordensleute anno 1846 die Wallfahrtskirche wieder auf. Der Wurzelstock soll unter der Spitze des Hausberges der Servitenpatres, dem Serles (2718 m), grüne Zweige getrieben haben. In einer Höhle des Stammes fanden Hirten das Gnadenbild, so will es die Legende. Nicht nur anläßlich der Säkularisation, auch während des „Anschlusses", 1938 bis 1945, waren Kloster und Kirche „aufgehoben". Ein Schicksal, das viele Gnadenorte teilten. Nach dem Krieg kamen die Serviten zurück, heim zum Serles.

Ausgangspunkt: Matrei am Brenner (Stubaier Alpen/Tirol), parken am Mauthäuschen (oder am Kloster). **Gehzeiten:** Kreuzweg ab Maut. P. 1 ½ Std. (Serles ab Kloster 3 Std., Weg Nr. 121 und Punkte). **Wallfahrten:** 15.8. (Mariä Himmelfahrt), „Goldene Oktober"-Samstage; nachts jeden ersten Freitag Mai bis Oktober, Treffpunkt 20.00 Uhr an der 9. Station. Patroziniums-Gottesdienst: 2.7. (Mariä Heimsuchung)

4

Heiligkreuz (2302 m) bei Latzfons

Zum Gerichtsumgang ein Pferd für Hochwürden

Wenn der Morgen dämmert, beginnt der Gerichtsumgang

Irgendwann und irgendwo hatten wir zum erstenmal vom „Schwarzen Herrgott" gehört. Unsere Neugierde war geweckt. Bald wußten wir mehr von ihm und dem Kreuzkirchlein unter der Kassianspitze (2581 m) in den Sarntaler Alpen. Beim Versuch, an Ostern vom Durnholzer See aus über die Fortschellenscharte dorthin zu gelangen, blieben wir im Tiefschnee stecken, und die Orientierung ging uns auch verloren. Gottlob, denn der Lawinenhang unter der Spitze verspricht um diese Jahreszeit nichts Gutes, wie wir bei einer Rundtour im Sommer, durch das Gertrumtal über die Pfnatschalm zurück nach Durnholz, bemerkten. Es schien damals, als hätte in diese sanfte Winterlandschaft noch nie ein Mensch den Fuß gesetzt. So quartierten wir uns schließlich, Mitte Juni, beim „Hirschen" in Latzfons ein; das war 1983. Von Hochwürden Psaier, der schon als Kaplan in der Ortskirche St. Jakob Dienst tat, hörten wir die ganze Geschichte des „Kreuzvaters", wie seine Pfarrkinder das Heiligtum nennen.
„Man kann fast sagen", erzählte er, „daß es ein besonderes Schicksal hat. Die Leute hier litten durch Jahrhunderte unter schrecklichen Flutkatastrophen - bis nach Klausen. Da sollen sie, so um 1700, nach einem ‚Herrgott' gesucht haben, dem noch nie Verehrung bezeugt worden war. Und tatsächlich fanden sie in der Totengruft den schwarzen Jesus, den sie in einer Prozession zum ‚Gampenmaul' trugen. Dort stellten sie das Kruzifix auf die Wiese mit dem merkwürdigen Namen, bis man etwas höher hinauf eine Kapelle und vor ungefähr 150 Jahren die Kirche baute."
Aber das ist nicht alles. „Natürlich hat man herumgerätselt", erzählte der Pfarrer weiter, „wie der Heilige zu seiner dunklen Bemalung kam. Sogar Kunstsachverständige sind der Sache nachgegangen. Die fanden heraus, daß man das Schnitzwerk mit einer Mischung aus Ochsen-

mit dem „Schwarzen Herrgott" - bei jedem Wetter!

ten geblieben. Wie auch anders, denn eine Zufahrt nach Latzfons gibt es nur aus dem Eisacktal, von Klausen aus ziemlich eng am Tinnebach entlang, oder über Verdings, wo auch der Bus fährt. Die umliegenden Ortschaften - aus dem Sarntal, von Feldthurns und Schalders - haben jeweils ihren eigenen Termin für den Gang über den Berg mit der höchstgelegenen Wallfahrtskirche in den Alpen und dem unvergleichlichen Blick zur Dolomiten-Kette, von den Geislerspitzen über Sella, Peitler- und Langkofel, Rosengarten und Schlern bis zum Latemar. Am 14. September jeden Jahres versammeln sich die Hirten zum Abschluß des Almsommers am Ritten zu einem Dankgottesdienst unter der Kassianspitze.

Pfarrer Psaier lud uns damals zum „Gerichtsumgang" ein, wobei nach altem Brauch das Gemeindegebiet umkreist wird. Als Bittprozession wird - bei jedem Wetter - am vorletzten Samstag im Juni der „Schwarze Herrgott" aus seinem Winterquartier der Jakobskirche in Latzfons zur Kreuzkirche hinaufgetragen. Für Hochwürden hält man einen Haflinger bereit, soll er sich doch als Vorbeter auf

blut und Baumpech konservieren wollte und dabei einfärbte."

Bartholomäus Delzer, sein hochbetagter Vorgänger im Altersstübchen des Pfarrhauses, erinnerte sich, daß ihr Kreuzvater von 1939 bis 1940 versteckt gehalten wurde. „Davon weiß heute keiner mehr etwas", meinte er nachdenklich. „Damals sollten wir Südtiroler entweder für Großdeutschland oder Italien optieren. Wir waren verzweifelt, weil die Deutsch-Optanten ihn mit ins Ausland nehmen wollten. Wir haben das Jesuskreuz dann einfach versteckt, zuerst im Kasererhof, dann beim Rungger." Der alte Pfarrer lachte. „Später blieben die meisten in der Heimat, und der Bischof meinte, daß wir es wieder herausholen könnten…"

Die Pilgerzüge zum „Heiligen Kreuz" sind Fußwallfahr-

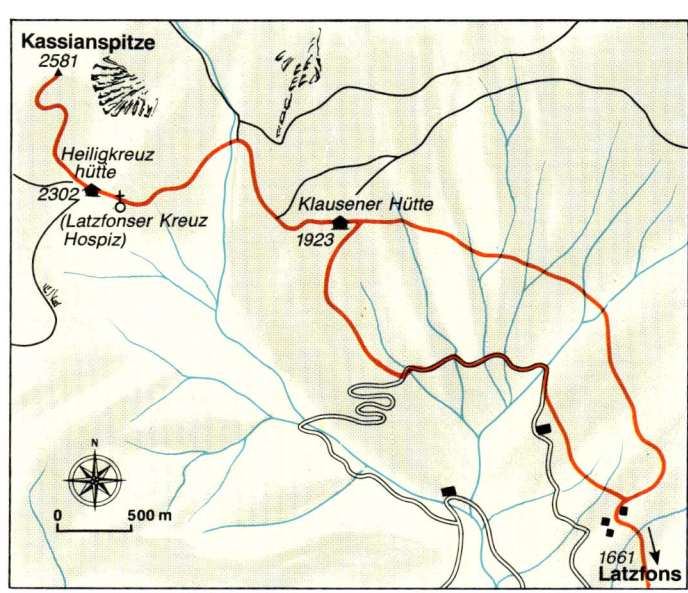

Endlich am Ziel: Die Träger haben Heiligkreuz erreicht, die höchste Wallfahrtskirche der Alpen (2302 m).

die Andachten am Weg konzentrieren können. Dieser Marsch beginnt, wenn der Morgen dämmert, und hält die Dorfleute zwölf Stunden auf den Beinen. Durch Wiesen und Wälder wandern sie mit dem Kreuz, zuletzt in langer, bunter Schlange über das graue Moränengeröll des Jocherer Berges. Während Josef Psaier mit dem dunkel gewandeten Wirt vom Latzfonser Kreuz-Hospiz, das erst Anfang der fünfziger Jahre neben die Kirche gesetzt wurde, das mit Goldfiligran geschmückte Kreuz am Altar befestigt, warten seine Pfarrkinder geduldig, bis drei kleine Glocken im Turmgebälk den Gottesdienst einläuten. Hier erlebten wir zum erstenmal die innige Frömmigkeit von Wallfahrern im Gebirge. Daß es nachher im Schutzhaus nebenan derb und lustig zuging, gehörte dazu; die Kehlen waren durstig vom vielen Beten, und der Magen knurrte. Jeweils am letzten Sonntag im September tragen die Latzfonser ihr Heiligtum zurück in die Pfarrkirche, wo es seit dem Ersten Weltkrieg vor Herbst- und Winterstürmen, Frost und meterhohem Schnee geschützt ist. Seit fast drei Jahrhunderten hält nun der „Schwarze Herrgott" seine Hand über Latzfons. Er hat Naturkatastrophen, Tirols Freiheitskampf, den Dolomiten-Krieg und die Option überstanden. Und übersteht sicher auch die Wende ins dritte Jahrtausend.

Ausgangspunkt: Latzfons (Sarntaler Alpen/Südtirol), parken im Ort. **Gehzeiten:** 4 ½ Std. (Kassianspitze ab Kirche ¾ Std.); Wegweiser, ab Klausener Hütte Weg Nr. 17. **Wallfahrten:** Vorletzter Samstag im Juni; 14.9. Dankgottesdienst der Rittener Hirten.

5

Maria am geklobten Stein (617 m)

Schmugglerpfad zur Muttergottes an der Ache

Maria Klobenstein: Waldkapelle an der Grenze.

Schon die Wanderung durch die Entenlochklamm bereitet auf die exponierte Lage der Kapelle vor. Sie führt über einen alten Schmugglerpfad mit österreichischen und deutschen Grenztafeln: „Übertrittszeit 6-21 Uhr". Ohne Kontrollpunkt natürlich, aber das war nicht immer so. Der Chronist erzählt, daß vor langer Zeit ein riesiger Felsblock vom Achberg neben die Kössener Ache fiel und „auseinanderklobte". Die eine Hälfte neigte sich Bayern zu, die andere Tirol. Damit war der erste Grenzkonflikt um Maria Klobenstein vorprogrammiert, besonders, seit gegen Ende des 17. Jahrhunderts an dem einen Felsteil ein Marienbild angebracht und verehrt wurde. Empört registriert der Chronist, daß ein Kommissär des königlich-bairischen Landgerichtes Traunstein „mit dem Fuß die Grenze bestampfte". Hatte doch anno 1707 der Chiemgauer Fürstbischof den Altar der ersten Waldkapelle geweiht! Später erstand das heutige, häufig renovierte Gotteshaus. Seit den zwanziger Jahren schmückt den Eingang das Gnadenbild „Maria, Königin des Friedens".

Ausgangspunkt: Ettenhausen am Geigelstein (Chiemgauer Alpen/Oberbayern), Wanderparkplatz am Ortsende. **Gehzeiten:** 1 Std.; Wegweiser. Gottesdienste ab 1.5. bis Mitte Oktober jeden Samstag um 9.00 Uhr.

6
Eine Dankwallfahrt für den Staatsvertrag

Maria im Kirchenthal (880 m)

Der „Pinzgauer Dom", von Fels und Wald umgeben.

Dem Kirchenweiler in den Loferer Steinbergen eilen gleich zwei Superlative voraus, das hatte uns neugierig gemacht. Einerseits sei dieser „Pinzgauer Dom" das Werk von „Österreichs größtem Genie der Architektur", nämlich von Johann Bernhard Fischer von Erlach (1656-1723). Und andererseits wären noch immer an die 1500 Exvotos zu besichtigen, von einst mehr als 2000. Tatsächlich beeindruckt der Wallfahrtsort inmitten einer stimmigen Fels- und Waldkulisse, welche die Kirche, das viergeschossige alte Priesterhaus wie auch die umgebenden Gebäude fast eine Nummer zu groß erscheinen läßt. Jedoch zogen die Pilger aus Bayern, Kärnten, Osttirol, sogar aus Ungarn ins abgelegene Tal, bis zu 50 000, denen anno 1750 mehr als zehn Geistliche die Beichte abnahmen.

Im Innern zieht das Gnadenbild auf dem Hochaltar, umgeben von einem künstlich erleuchteten Strahlenkranz, den Blick magnetisch an, ein unvergeßlicher Augenblick nach anstrengender Wanderung. Die kleine gotische Madonna gehörte ursprünglich zur frühen Holzknechtkapelle am gleichen Platz. Sie begründete als „Liebe Frau vom Kircher-Tal" den Ruf der Wallfahrt. Unvergeßlich auch die barocke Holzskulptur des „Schmerzensmannes", die man - warum wohl? - hinter dem Altar versteckt hat. Leider erfüllte sich unsere Hoffnung, die berühmte Votivbild-Sammlung zu besichtigen, nicht. Im Priesterhaus erklärte Pfarrer Hecht, obwohl wir uns ausweisen: „Ganz unmöglich!" und sagte: „Wir sind schon oft auf Betrüger und Diebe hereingefallen." Ein überraschendes Intermezzo an diesem Ort...

An Versuchen, dem Gnadenort auch für die Gegenwart Bedeutung zu verleihen, fehlte es nicht. So hat der Pinzgauer Bezirkshauptmann Max Effenberger seinerzeit, als aktuelle Variante zur traditionellen Marienverehrung, die „Pinzgauer Wallfahrt am Nationalfeiertag", zur Erinnerung an die Befreiung von den vier alliierten Besatzern am 26. Oktober 1955, ins Leben gerufen. Schon die erste, Mitte der siebziger Jahre, zog mehr als 1200 Pilger an. Traditionell auch hier die drei „Goldenen Samstage" nach dem Fest des heiligen Michael (29. September), um „die Fürbitte Mariens für eine gute Sterbestunde zu erflehen".

Ausgangspunkt: Lofer (Loferer Steinberge/Salzburger Alpen), Parkplatz im Ort (bzw. Gasthaus Lintner); Mautstraße ab St. Martin. **Gehzeiten:** Kreuzweg ¾ Std. ab Mauthäuschen. (3 ½ bis 4 Std. Rundumwanderung über Tiroler Steig, Salzburger Steig mit „Wechsel"; Wegweiser und Punkte. **Wallfahrten:** 26.10. zum Nationalfeiertag; jeden 13. von Mai bis Oktober nachts, Treffpunkt 20.00 Uhr am Mauthäuschen.

Hinter dem Altar versteckt: der „Schmerzensmann".

Seit 1950 führt von St. Martin bei Lofer eine Mautstraße herauf. Sie folgt dem alten Pilgerweg; zu Fuß benötigt man weniger als eine Stunde. Gestandene Berggeher mögen an der strammen Rundwanderung über die Schmidt-Zabierow-Hütte (ca. 10 Std.) als individuelle Wallfahrtstour Gefallen finden, mit Einkehr in die interessante Talwirtschaft, erbaut 1711.
Überhaupt ist das Gebiet um Lofer mit seinen Klammen, der Prax-Eishöhle (Führungen) oberhalb von Kirchenthal und der Lamprechtshöhle ein paar Tage des Herumstromerns wert.

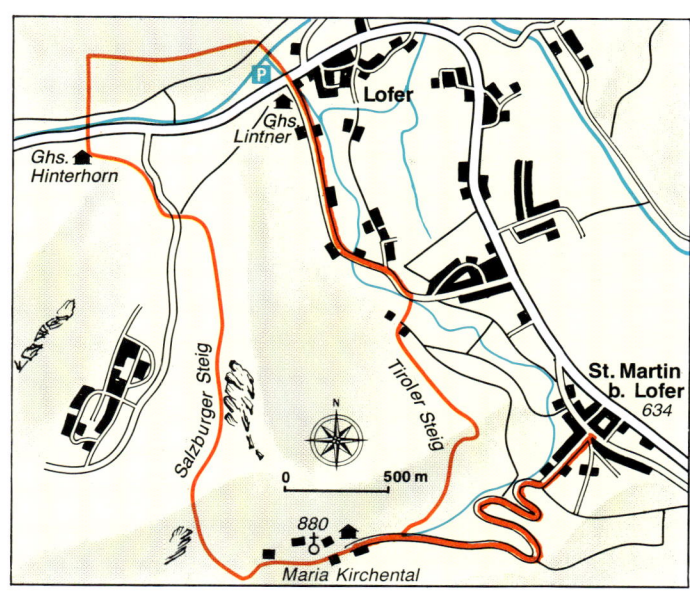

7

Maria von Waitschach (1155 m)

Unter jeder Wiesenmulde liegt ein toter Türke

Die Wanderungen in den Seetaler Alpen mit ihren langgestreckten, im Sommer von Heide lila gefärbten Höhenrücken wird uns lange in Erinnerung bleiben. Einerseits, weil wir das von einem „kleinen deutschen Meister" geschaffene, berühmte Türkenvotiv von 1537 nicht dort fanden, wo es sein sollte, nämlich „leicht beschädigt hinter dem Hauptaltar" der Wallfahrtskirche von Maria Waitschach, sondern erst nach langem Suchen im Diözesanmuseum des Bischöflichen Gurker Ordinariats zu Klagenfurt. Und andererseits, weil wir an einem kalten 1. Mai beinahe auch vergeblich nach dem Türkenkreuz unter dem verschneiten Zirbitzkogel (2397 m), dem höchsten Punkt in diesem sanften Bergland, gesucht haben: das schlichte Kruzifix hatte den Frühjahrsstürmen nicht standgehalten und lag umgestürzt im Schnee.

Überhaupt hatte uns die variantenreiche Literatur aufmerksam gemacht. Angeblich stammt das Gelöbde der Judenburger „zur Abwehr von Feuer" aus dem 15. Jahrhundert. Bald aber motivierte sie die Angst vor Türken und Pest und – anno 1797 – auch vor den Franzosen zu ihren langen Bittgängen über die steirische Landesgrenze hinweg zur Gnadenmutter von Waitschach in Kärnten. Sie werden seit 1583 gezählt, sollen aber schon wesentlich früher angefangen haben.

Alle drei Jahre (nicht während beider Weltkriege) versammeln sich die Pilger jeden zweiten Freitag im Juli mittags zu einer Gelöbnis-Erneuerung in der Judenburger Pfarrkirche, bevor sie sich auf den Weg machen. Über ein halbes Tausend waren es 1989 anläßlich der 133. Kirchfahrt, jene Teilnehmer nicht gerechnet, die mit dem Wagen abkürzen oder sich in Waitschach abholen lassen. Die 134. Wallfahrt erneuerte 1991 das Gelübde (hin und zurück rund 90 Kilometer).

Für die Prozession gibt es strenge Verhaltensgebote. In den Anweisungen heißt es:

„1.) Wir unternehmen keine Urlaubswanderung, sondern eine Wallfahrt zur Gnadenmutter von Waitschach.
2.) Während einer Wallfahrt gilt folgende Ordnung: Kreuzträger, Prozessionsführer, Männer und Burschen, Frauen und Mädchen.
3.) Den Anordnungen der Prozessionsführer ist unbedingt Folge zu leisten.
4.) Die Prozession wird von einer Abordnung des Roten Kreuzes begleitet. Zwischenfälle (Verletzungen, Erkrankungen) sind der Sanität zu melden.
5.) Alle Fußwallfahrer müssen sich schon am Hinweg ins Gedenkbuch eintragen; für Autowallfahrer liegt ein Gedenkbuch in Maria Waitschach auf.
6.) Jeder Wallfahrer muß sein Nachtlager selber suchen; jede Ruhestörung während der Nacht soll vermieden werden..."

Von Judenburg hinauf nach St. Wolfgang am „Zirbitz" (erste Pilgernacht) und von Maria Waitschach (zweite Nacht) nach St. Martin am Silberberg (dritte Nacht) wurden inzwischen Straßen gebaut. Die Route ist durchwegs gelb-weiß als „Wallfahrts-Wanderweg Judenburg/Waitschach" beschildert und teilweise deckungsgleich mit

Von St. Wolfgang zur Rothaidenhütte: Das Türkenkreuz war umgestürzt und unter Schnee begraben.

dem „Eisenwurzweg (08) Waldviertel - Gesäuse - Drautal". Unterwegs zahlreiche Hütten sowohl des österreichischen Alpenvereins als auch private.

Die bekannteste ist das Gipfelhaus auf dem Zirbitzkogel, das erste vom Österreichischen Touristenklub erbaute Schutzhaus, Einweihung 1870, mit Platz für 50 Personen. Als Ausgangspunkt unserer Wanderung hatten wir St. Martin ausgesucht. Wir kamen von Mödling, fuhren an der Wallfahrtskirche Maria Hilf in Guttaring vorbei, durch den romantischen Urtelgraben und dann steil hinauf zum Gipfelplateau mit der Waitschacher Wehrkirche und einem weiten Rundblick. Leider war das etwas ramponierte Gebäude verschlossen, doch im angrenzenden Haus händigte man uns einen altertümlichen Schlüssel aus, mit dem sich die schwere Tür nur mühsam öffnen ließ. Beim Anblick des goldschimmernden Hochaltars und der spätgotischen gekrönten Maria mit dem Kind auf dem Schoß ließ sich nachempfinden, wie inbrünstig hier nach langem Marsch gebetet wird.

In den zum Teil noch erhaltenen Befestigungen sollen sich 1537 die Türken festgesetzt und den Schmied Peter Latnecker „sammt andern redlichen Kriegsknechten" gefangengenommen und in Halsketten gelegt haben, um sie nach Konstantinopel zu bringen. Der Schmied konnte

Wallfahrer beim Gebet am Streitwiesenkreuz: Hier fand im 16. Jh. das blutige Gemetzel statt.

sich befreien und stiftete das schon erwähnte Exvoto (siehe Seite 30).

In St. Martin (1101 m) endet die schmale Straße. Das Dorf, das letzte in Kärnten, wirkte um diese Jahreszeit wie ausgestorben. Weit und breit niemand, der uns hätte weiterhelfen können. Das Wirtshaus geschlossen, hinter der Gardine das Gesicht einer alten Frau. Die baufällige Kirche, urkundlich seit 1234, zur Sanierung eingerüstet, ihr „schiefer Turm Noricum", Wahrzeichen und geschichtliches Denkmal zugleich, ist tatsächlich ziemlich schief. Hier am Silberberg sollen Kelten nach Silber gesucht und - so die Sage - adlige Damen wegen ihres Geizes die Silberminen verspielt haben: sie verschwanden unter einem Felssturz, ausgerechnet in der Bartholomäusnacht!

Im Meßnerhaus öffnete, endlich - nicht etwa der Meßner, sondern ein ehemaliger Postbeamter aus Tirol die Tür, ein Aussteiger. Leopold Mellnitzer hat vor einigen Jahren die vernachlässigte Meßnerei geschickt hergerichtet und verbringt jetzt dort als Sammler, Volkskundler und Bastler zwischen seinen Kunstschätzen und eigenen Bildern die meiste Zeit des Jahres.

„Diese Wallfahrt von Judenburg ist was ganz Besonderes", erwiderte er auf unsere Fragen. „Sie hält sich immer noch an die überlieferten Traditionen und wird von einer Frömmigkeit getragen, der nichts anhaben kann." Wir saßen im Herrgottswinkel und kosteten seinen Rotwein. „Sie glauben gar nicht, wie feierlich die Judenburger hier um die Mittagszeit am zweiten Tag empfangen werden.

Dann läuten die Glocken, werden Böller abgeschossen. Wenn der lange Zug in Sicht ist, eilen ihm die Ministranten des Dorfes mit Fahnen entgegen. Meist ist auch", erzählte Mellnitzer weiter, „Dechant Füller aus Hüttenberg dabei, der jeden Sonntag den Gottesdienst hält." Er lächelte. „Er kommt gern zu uns, weil die Kirche gut besucht ist. Und wie lustig es nach der Abendandacht am dritten Tag zugeht, bevor sie bei den Bauern ins bestellte Bett oder in ihren Scheunen ins Stroh oder ihre Schlafsäcke kriechen."

Bei ihm lägen sie auch vorm Haus. „Ich gebe ihnen Most aus, aber mehr als dreißig schaffe ich rein finanziell nicht." Am vierten Tag träfen sie sich um 2 Uhr nachts zur Messe in der alten Kirche, bevor sie den Heimweg anträten.

Von dem Tiroler stammte auch der Tip, im Gasthaus Wieland außerhalb des Dorfes zu übernachten. Anderntags schulterten wir den Rucksack und wanderten auf markiertem Pfad über die Stranitzer Höhe (1804 m) zum Streitwiesenkreuz etwas weiter unten, schon in der Steiermark. Dort soll nach dem Volksglauben, wie Mellnitzer erzählte, unter jeder Wiesenmulde ein toter Türke liegen. Von hier aus geht man zwei Stunden auf den Zirbitzkogel, den die tüchtigsten Berggeher, nach Auflösung der Prozession unter dem verwitterten Kruzifix, nicht auslassen.

Früher soll auf der Streitwiese die Wallfahrt zum Volksfest geworden sein. Davon weiß man heute nichts, auch würden die strengen Prozessionsführer damit nicht einverstanden sein.

Bis zum Türkenkreuz (1838 m) kamen wir diesmal nicht. Vor dem tiefen Lavantgraben gaben wir auf, ermüdet von der Suche nach Markierungen und vom Stapfen durch tiefen Schnee, auch verunsichert in dieser absoluten Einsamkeit und kehrten um.

So blieb nur, mit dem Wagen nach Judenburg zu fahren (von Hüttenberg durch den Löllinggraben und das Lavanttal), um den Ausgangspunkt der Viertage-Wallfahrt

Am Kreuz: Verwittertes Antlitz des Leidenden.

kennenzulernen, dessen Wahrzeichen der kantige Stadtturm ist. Der Name des Ortes bezieht sich (erste Erwähnung 1074) auf ein Judengetto, „Burg der Juden"; aus dem 14. Jahrhundert sind Pogrome überliefert. Auch hier hausten Türken und Franzosen. Der große Napoleon gab der Stadt 1779 die Ehre, er wohnte im Pfarrhaus.

Von Judenburg ging es, zuletzt auf schmalem Güterweg, weiter nach St. Wolfgang (1273 m), ein kleines Bergdorf ohne Beton und Bustourismus. Früher zogen die Judenburger hier an einer offenen Bildstockkapelle vorbei. Seit mehr als 300 Jahren können sie in einer sehr intim wirkenden kleinen Kirche mitten im Ort die erste Andacht auf ihrem langen Weg halten. Schon um 2 Uhr nachts treffen sie sich wieder zur Messe, um gleich anschließend,

noch in der Dunkelheit, aufzubrechen: „Wir ziehen zur Mutter der Gnade, zu ihrem hochheiligen Bild. O lenke der Wanderer Pfade und segne, Maria, sie mild..."
Im Hotel Seetalblick erzählte uns Stefanie Schlacher, die Chefin, wie sie 1954 nach Waitschach ging. Die Ärzte hatten ihr nach einem Blinddarmdurchbruch gesagt, sie könne keine Kinder haben; das war ihr großer Kummer. „Damals ging uns Pfarrer Völzer voran, der ist schon lange tot. Unterwegs hatte ich die Gnadenmutter vor Augen, und ich betete immer wieder: Gib mir ein Kind! Ein Jahr später wurde mein Sohn Herbert geboren. Die Madonna hat geholfen!"
Die Skiausflügler von Judenburg steuerten noch die Sabathyhütte (1616 m) an, als wir bei eisigem Wind zur Rothaidenhütte aufstiegen, dem Wallfahrtsweg folgend. Weiter oben auf dem Höhenrücken mußte das „Türkenkreuz" stehen. Aber selbst mit dem Fernglas war nichts zu sehen. Erst unmittelbar vor dem Graben, wo wir vor Tagen auf der anderen Seite den Rückzug angetreten hatten, fanden wir es endlich, halb unter Schnee.
Als die Leute von St. Wolfgang im Jahr darauf zur Madonna nach Waitschach pilgerten, stand das herausgeputzte Türkenkreuz wieder am alten Platz.

Jetzt im Museum: Das Exvoto des gefangenen Peter Latnecker von 1537.

Ausgangspunkt: St. Wolfgang bei Judenburg (Seetaler Alpen/Steiermark), parken im Ort. **Gehzeiten** ca. 12 Std. bis Waitschach (Kärnten); Wallfahrts-Wegschilder. **Wallfahrten:** Alle drei Jahre am zweiten Freitag im Juli ab Judenburg (letzte 1989); ab St. Wolfgang jedes Jahr am zweiten Wochenende nach Herz-Jesu-Freitag (ca. Mitte Juni).

8

Maria Schnee (1822 m) bei Seckau

Auf der Hochalm eine Kirche für die Hirten

Maria Schnee: liebevoll gestaltete Bauernkirche.

Hier hatten die Türken keinen Erfolg. 1480 wollten sie das alte Augustiner-Chorherren-Stift brandschatzen und fanden es im Nebel nicht. 300 Jahre nach ihnen hob Reformkaiser Josef II. das Stift gewaltsam auf; der stattliche Besitz fiel an den Staat. Erst 100 Jahre später zogen Benediktiner ein, bis 1940 die neuen „Führer" das Kloster mit den unschätzbaren sakralen Kunstgegenständen enteigneten. Daß hier eine „Napola" (Nationalpolitische Erziehungsanstalt) untergebracht war und einer der Lehrer mit seiner Familie den Freitod wählte, bevor die Sowjets kamen, steht im Kirchenführer nicht. Und daß Pater Athanasius Gerster 1945 in Bayreuther Nazi-„Schutzhaft" verhungerte, liest man nur auf einer Gedenktafel, wenn man sie findet.

Maria Schnee wurde Mitte des 16. Jahrhunderts auf einer Hochalm für die Hirten der umliegenden Almen gebaut, eine schlicht-liebevoll gestaltete Bauernkirche inmitten von Grasbergen. Pater Wolfgang von der Pfarrkanzlei hatte uns vertrauensvoll den Schlüssel ausgehändigt.

Ausgangspunkt: Seckau bei Knittelfeld (Seckauer Alpen/Steiermark), parken am Kühberghof (Sonnenwenddorf). **Gehzeiten:** 2 Std.; Weg Nr. 32 und Punkte. **Wallfahrten:** „Hochalmsonntag" am ersten Sonntag im Juli und August, Bergmesse 26.7. (Annatag).

Seit 300 Jahren Wallfahrtsort: Birkenstein mit Freskenumgang und goldschimmerndem Altar.

9

Birkenstein (853 m) am Wendelstein

Die „Gottesbraut im Rokokokabinett" bei Fischbachau

Der (nachweislich) erste Mensch auf dem Wendelstein (1838 m) war der Kartograph Peter Apian-Vater (1495-1552). Anders als der Hochfelln im Chiemgau hat diese Kalksteinspitze eine „alpine" Vergangenheit. Eine bescheidene Kapelle entstand dort Anfang des 18. Jahrhunderts. Gut 100 Jahre danach entdeckte die Wittelsbacher Prominenz aus München den Aussichtsberg, allen voran König Max II., anno 1858. Gegen Ende des Jahrhunderts wurde dann die jetzige Kirche gebaut, und kurz vor dem Ersten Weltkrieg fuhr zum erstenmal die Zahnradbahn hinauf. Damit begannen die modernen Zeiten, mit Sonnenobservatorium, Rundfunkstation, TV-Sender und zusätzlicher Seilbahn.

Der Kirche von Birkenstein im Bayerischen Voralpenland, die einem angeblich von Engeln anno 1294 nach Loreto bei Ascona versetztem Haus nachgebaut wurde, blieb ein ähnliches Schicksal wie manch anderem berühmtem Gnadenort erspart. Sie verdankt ihren Namen einem großen Stein im Birkenwäldchen von Fischbachau, vor dem an einer Martersäule Gebete verrichtet wurden – bis zum Bau des Gotteshauses. Seit 300 Jahren wird Birkenstein von Pilgern aufgesucht. Hier sahen wir den schönsten offenen Umgang mit Fresken zur Entstehungsgeschichte der Wallfahrt an der Außenwand. Im Dämmerlicht des Gebetsraumes überwältigen der goldschimmernde, üppige Altar im Chor und das von fast 100 Engelfigürchen umgebene spätgotische Gnadenbild. Pfarrer Hahn erlaubte nur zögernd, im „Rokokabinett der gnadenvollen Gottesbraut" zu fotografieren, bis er sich im Verlauf eines längeren Gesprächs überzeugt hatte, daß unser Buch Wanderern Ziele weisen will, die Naturgenuß, sakrale Kunst und Andacht zugleich vermitteln.

Ausgangspunkt: Wendelstein bei Fischbachau (Schlierseer Alpen), parken an der Talstation der Seilbahn. **Gehzeiten:** Ab Gipfel über Spitzingalm nach Birkenstein ca. 3 Std., zurück zum P. ca. 1½ Std.; Wegweiser und Punkte, ab Birkenstein Weg Nr. 5. **Wallfahrten:** Ganzjährig, 15.8. Patroziniums-Gottesdienst: (Mariä Himmelfahrt).

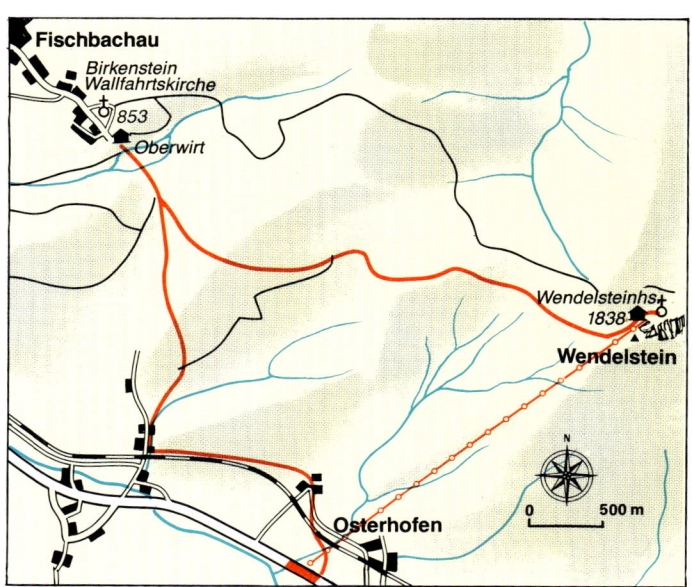

10

Dreikirchen (1120 m) am Ritten

Wo der Dichter Morgenstern seine Braut fand

Blick von Barbian: Am Abend vor der Flurprozession

Daß in Südtirol Himmelfahrt nicht mehr kalendarisch ein Feiertag ist, sondern auf den Sonntag vor Pfingsten verlegt wurde, wußten wir nicht. Isidor Puntaier von der Comune di Barbiano (836 m) machte uns darauf aufmerksam, als wir mehr von der Flurprozession nach Bad Dreikirchen wissen wollten, diesen wunderlichen Ort mit einem der schönsten Blicke auf die Dolomiten. Die Erklärung stand in einem Heimatkalender, wonach Heilige Dreikönige, Christi Himmelfahrt und Fronleichnam seit 1977 am jeweils darauffolgenden Sonntag gefeiert werden und die Feste St. Josef sowie Peter und Paul ausfallen. Warum, erfuhren wir - bei anderer Gelegenheit - von Pater Josef Corradi in Weißenstein. Er erklärte, daß mit dieser Anordnung die Erneuerung des Konkordats von 1984 zwischen Kirche und Staat vorbereitet wurde. „So einfach? Und was sagten die frommen Leute in Italien, in Südtirol dazu?" Diese Fragen waren dem Pater sichtlich unangenehm. Er hatte es eilig und ließ uns stehen...
Warum d r e i Kirchen, nämlich St. Nikolaus, St. Gertrud und St. Magdalena? Nach einer der vielen Legenden sollen hier unter dem Rittner Horn (2260 m) drei verfolgte Bischöfe jeder für sich eine davon gebaut haben, immer dicht aneinander. Aber das ist unbewiesen; die Entstehung dieses Wallfahrtsortes bleibt von Geheimnissen umwittert. Bad Dreikirchen „nebst Taverne" findet dagegen angeblich bereits in einer Urkunde vom 1. Juni 1027 Erwähnung. Legende wiederum ist, daß hier jene Säumer und Reisende einkehrten, die aus dem Eisacktal über Barbian, den Ritten und Villanders den landesfürstlichen Zoll bei Kollmann umgehen wollten, und als Ursprung der Wallfahrt gilt ein hier vermutetes vorchristliches Frauenheiligtum, dessen Heilquellen Fruchtbarkeit zugeschrieben wurde.

goß die Sonne rotes Licht über Schlern und Seiser Alm.

Diese Quelle machte Dreikirchen im Mittelalter als Heilbad bekannt. Auf den Ruinen der Taverne entstand ein Badehaus. Schon 1841 analysierte ein Innsbrucker Chemiker, Josef Oellacher, das Badewasser und befand es für gut. Ein anderer Fachmann definierte die Quelle wenig später als „alkalisch-salinisch" und das Wasser einer zweiten als „alaunhaltiges Bitterwasser", gut gegen Nervenschwäche, Bleichsucht, Magenleiden und Rheuma. 1882 wurden die Gebäude saniert und modernisiert. Daß hier mit Vorliebe Künstler dem „lärmenden Stadtleben entflohen, um in der balsamischen Alpenluft des Ritten eine kurze Zeit Mensch zu sein", wundert nicht. Unter ihnen Franz von Defregger und Christian Morgenstern, der hier seine spätere Frau Margareta Grosebruch kennenlernte.

Das Bädergasthaus zieht bis in unsere Tage als Sommerfrische alten Stils – hoffentlich noch lange ohne Zufahrt – eine besondere Spezies von Gästen an.

Das sind die drei Kirchen in Dichtung und Wahrheit. Faktum jedoch bleibt, daß durch Heirat und Zukauf das Bad (mit ziemlich viel Bergland drumherum) Privatbesitz ist. Der Grund: Ein Kaufmann aus Bozen, Heinrich Settari, schenkte als dankbarer Gatte seiner Frau nach jeder Geburt ein „Wiesele oder Waldele", was bei 15 Kindern zu allerlei Grundbesitz führte. Jedes baute sich auf seinem Flecken ein Ferienhaus und gab es an die Nachkommen weiter, seit mehr als 100 Jahren.

Dank Isidor Puntaier konnten wir die Barbianer auf ihrem Bittgang (um gedeihliche Witterung und Segen bei der Arbeit) am Samstag in der Woche vor Pfingsten begleiten. Es waren kaum mehr als 30, ihnen voran der Vorbeter mit dem Kreuz, in ihrer Mitte der Pfarrer, schon im Ornat. Der junge Meßner hatte den Gottesdienst in der Magdalenenkirche vorbereitet, der größten und am besten erhaltenen. Für die paar Alten und Jungen ist dieser Gang noch Glaubenssache.

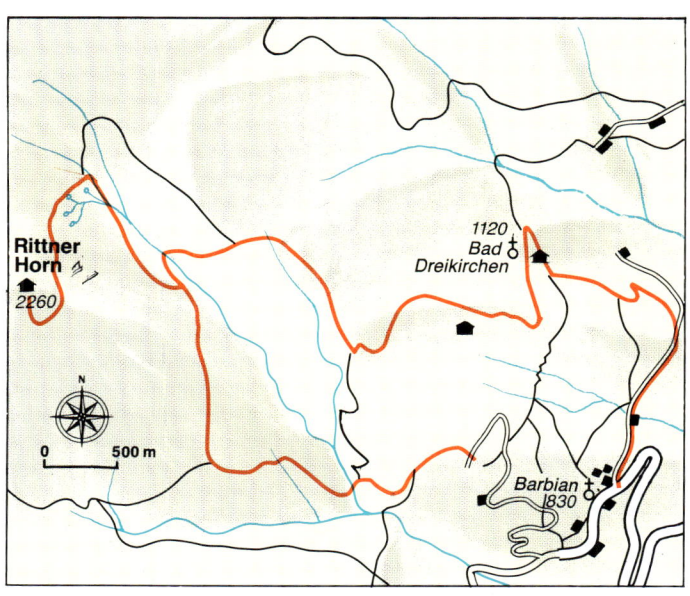

Drei Kirchen, dicht aneinander gebaut: Schon 1027 urkundlich erwähnt - noch immer gern besucht.

Der Meßner erzählte uns nach der Andacht, daß es immer noch schmerzlich sei, an Himmelfahrt gewöhnlichen Alltag zu haben, und daß die Bevölkerung mit der staatlichen Verordnung von 1977 regelrecht überfallen wurde.

Zum Mittagläuten waren die Leute von Barbian wieder daheim. Wie wanderten weiter, vorbei an Briol (1310 m), wo Nachkommen von Urvater Settari inmitten eines Hains aus alten Eichen, Zirben und Birken ein Gästehaus führen, und genossen den Blick auf das Panorama vom Peitlerkofel bis zum Latemar, schlenderten über die Barbianer Alpe und durch Latschen auf das Rittner Horn. Es war einer der ersten sommerlichen Tage des Jahres. Noch waren die Almen verwaist, und wir spürten, wie seinerzeit das internationale Publikum von Dreikirchen, „den Reiz der Ursprünglichkeit, den Zauber der Bergeinsamkeit und den Hauch der Freiheit..."

Ausgangspunkt: Barbian (Ritten/Südtirol), parken am Ortsende in Richtung Villanders. **Gehzeiten:** ca. 1 Std.; über Briol zum Rittner Horn ca. 3 Std. **Wallfahrten:** Samstag am Wochenende vor Pfingsten.

11

Verbotene Wallfahrt, und der Pfarrer mußte vor Gericht

Putzenkreuz (1622) am Kaser

Putzenkreuz: In der Nähe die „Stoarnen Mandln".

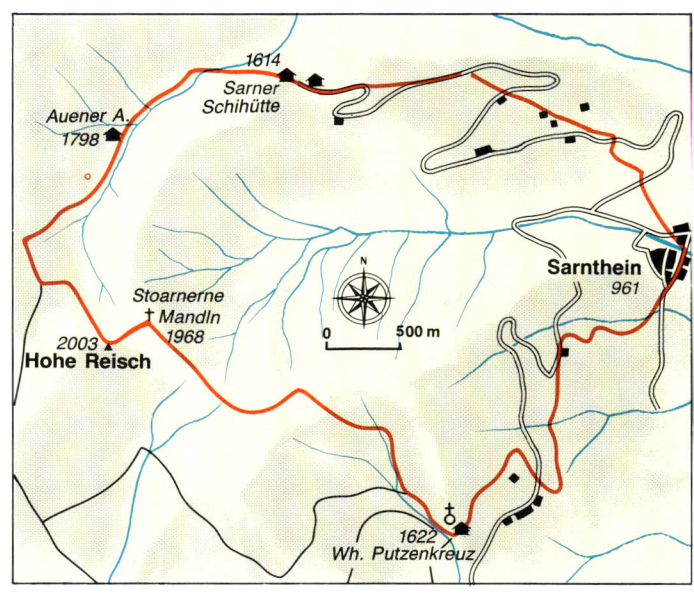

So bescheiden die kleine Wallfahrtskirche auch ist, an widerstreitenden Meinungen über ihre Entstehung hat es nie gefehlt. Beweisen läßt sich, daß es dort anfangs nur ein Kruzifix gab. Erst 1822 baute man die Kapelle und vergrößerte sie bald. Zogen hier Säumer von Meran über den langgestreckten Tschögglberg und den Kaserboden nach Sarnthein? War zuerst ein Hospiz da, etwa das alte Gasthaus neben der Kirche? Darf man dem Heimatkundler glauben, der wegen der merkwürdigen Steinpyramiden ganz in der Nähe, den „Stoarnen Mandln" (2003 m), urzeitliche Spuren erkennt? Sie wurden 1540 als „Hexenversammlungsplatz" anläßlich eines Prozesses erwähnt. Die Faschisten verboten die Wallfahrt. 1936 kam es zum Prozeß, und der Pfarrer mußte eine Geldbuße zahlen.

Ausgangspunkt: Sarnthein (Sarntaler Alpen/Südtirol), parken im Ort. **Gehzeiten:** 2 Std. (zum Stoarnen Mandln 1½ Std.); Wegweiser, Weg Nr. 5. **Wallfahrten:** 20.7. (Margarethentag), 14.9. (Kreuzerhöhung).

12

Das Leiden des heiligen Johannes von Nepomuk

Bachprozession in Wanns (1415 m)

Aufbruch in Walten: Der Himmel meinte es gut, als die

Wenn man von Sterzing über den Jaufen ins Passeier fährt, bemerkt man die Dörfer im Waltental, lange vor St. Leonhard, kaum. Daß sich dort Menschen angesiedelt haben könnten, erscheint dem konzentrierten Paßfahrer so abwegig, daß er keinen Gedanken daran verschwendet; wir nehmen uns davon nicht aus. Erst als wir in einem verjährten Gnadenbuch lasen, daß hier in Walten, am Hang unter der Jaufenstraße, jedes Jahr eine Prozession beginnt, die dann zu einem Tobel des Waltener Baches zieht, „in den man schon am frühen Morgen die Statue des Heiligen geworfen hat", und schließlich an der Johannes-Nepomuk-Kirche in Wanns (1415 m) endet, merken wir auf und beschlossen, der Sache nachzugehen.

Zunächst gab es Terminschwierigkeiten. Auch hier wird der für die Gemeinde günstigste Tag, meist ab Mitte Juni, ausgewählt. Bei schlechtem Wetter bläst Pfarrer Hans Lahner aus St. Leonhard, der Walten seelsorgerisch betreut, den „Bachsegen" ab. Diesmal fiel das Kirchenfest, zur Freude der Einheimischen, auf den „Herz-Jesu-Tag", anno

1796 hatten die Tiroler Landstände mit einem Gelöbnis ihr Recht auf Widerstand gegen Bonaparte und alle, die für ihn waren, beschworen. Südtirol versinkt dann in einem Fahnenmeer, und in der Höhe brennen Bergfeuer. Hochwürden erschien pünktlich, mit offenem Hemd und zerbeulter Aktentasche – wie ein rechtschaffener Gottesarbeiter. Der Himmel meinte es gut mit ihm, mit seinen Waltenern und dem heiligen Nepomuk, denn die Sonne lachte vom Himmel. Sie spiegelte sich in den Blasinstru-

Prozession mit Fahnen und Trachtenkapellen aufbrach. Jungfrauen trugen weiße Kränze im Haar.

menten der Trachtenkapelle, die sich mit den Schützen und drei Feuerwehrleuten – martialisch im Helm – und ihren Fahnen auf dem Kirchplatz formierte, alle aus dem Waltental mit nur knapp 450 Bewohnern.

Ein touristisches Ereignis ist diese Prozession nicht. Wir waren an diesem Morgen die einzigen, immerhin gelittenen Fremden. Das religiöse Brauchtum ist fest in den Menschen verwurzelt, und überlieferte Traditionen werden mit großem Ernst weitergegeben. Ein junges Mädchen fiel uns auf, es trug, wie drei andere, einen weißen Kranz im Haar. Rita Haller, gerade 15 Jahre alt, erzählt uns, daß diese Kränze ein Zeichen für Jungfräulichkeit seien. „Meinen Kranz hat schon die Mutter getragen; sie ist wenigstens vierzigmal mit nach Wanns gegangen", sagte sie, „dabei ist sie erst sechsundvierzig Jahre alt." Wer die Marienstatue trägt, muß Jungfrau sein. So war es immer, und wenn die Mädchen heiraten, werden die Haarkränze an ihre Töchter weitergegeben.

Nach historischen Ereignissen: Die Statue des hl. Johannes von Nepomuk, symbolisch am Bachufer.

Als zunächst die Ministranten und dann der festlich in seinen goldschimmernden Umhang gehüllte Pfarrer mit der Monstranz auf den Platz traten, läuteten die Glocken.
Kaum hatte sich der Zug in Bewegung gesetzt, als auch schon die Gebete begannen: „Heilige Maria, Mutter Gottes, bitte für uns; jetzt und in der Stunde unseres Todes…"
Ein Singsang, der in seiner Monotonie beschwörend wirkte, und in dem die hellen Kinderstimmen untergingen. Männer und Frauen bewegten in ihren Händen Rosenkränze.
Vor einem herausgeputzten Altar über dem Bach hielt der Pfarrer die erste Andacht. Dann intonierten die Trachtler feierliche Weisen. So zogen sie langsam weiter, vorbei an geschmückten Häusern, deren Bewohner sich nach und nach dem Zug anschlossen.
Schließlich erreichte die Prozession die Brücke vor Wanns, wo in diesem Jahr erstmals ein großes Zeltlager der Pfadfinder aus Westdeutschland aufgeschlagen war. Die jungen Leute hatten sich - alle in ihrer „Kluft" - zu einem weiten Viereck aufgestellt. Und wirklich lag die Statue des Heiligen am Bachufer, dicht über dem Wasser.
Nun spielte man keine Legende, sondern ein historisches Ereignis nach: als nämlich der von König Wenzel aus ungeklärten Gründen festgenommene Priester Johannes von Nepomuk (1350-1393), Generalvikar von Prag, gefoltert und schließlich in der Moldau ertränkt wurde.
Nach alter Überlieferung singen die Pilger, während man die Heiligenfigur auf eine Bahre legt: „Ach, heiliger Johann von Nepomuk, sie schmeißen dich von der Moldaubruck, ach, in die tiefe Flut. Der König kunnt dein Schweigen, ach, niemals garnicht leiden, das war für dich nicht gut."

Ankunft in Wanns: Gottesdienst unter freiem Himmel, bevor man sich im Gasthaus zusammensetzt.

Sie sangen und beteten mit ihrem Heiligen in der Mitte, bis der Zug den Kirchplatz erreichte, wo Pfarrer Lahner mit einem Gottesdienst unter freiem Himmel die Bachprozession beendete. Hinterher saßen alle vor dem Gasthaus bei Speckbrot und Bier zusammen.

Wir beschlossen diesen beeindruckenden Tag in tiefer Einsamkeit. Der oft zerstörende Tourismus hat dieses Tal und seine Berge noch nicht erreicht.

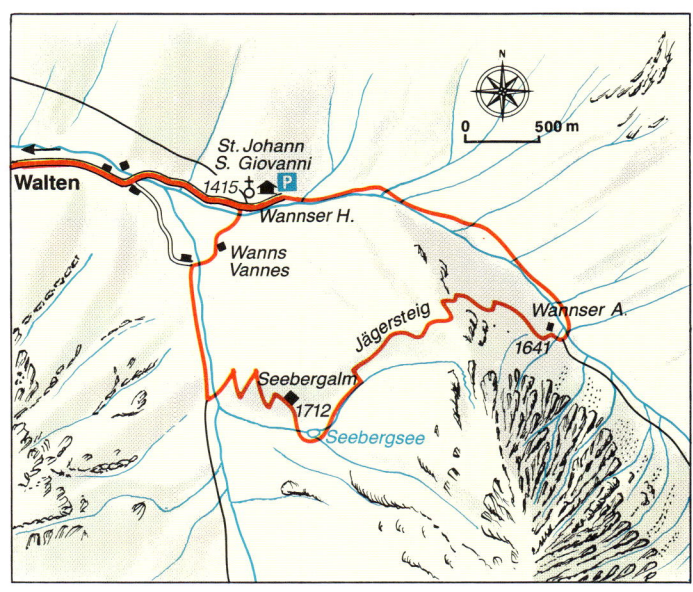

Ausgangspunkt: Walten im Passeier (Sarntaler Alpen/ Südtirol), parken am Gasthaus Alpenrose an der Jaufenstraße (oder mit PKW in Wanns). **Gehzeiten:** ½ Std. nach Wanns (ca. 3 ½ Std. Rundwanderung über Seebergalm, Jägersteig und Wannser Alm; Wegweiser, Punkte am Jägersteig). Prozessionstermin (ab Mitte Juni) über Pfarre St. Leonhard.

Zugspitz-Kapelle im Nebel: Wir warteten vergebens. Die Messe fand einen Sonntag früher statt.

13

Zugspitz-Kapelle (2600 m)

Zum Heiraten auf den höchsten deutschen Berg

Lange galt sie als „Hohe Warte der deutschen Seele", als „Stolz des Reiches" oder „vaterländischer Berg". Der höchste Gipfel in den deutschen Alpen hinkte jedoch bei den „Eroberungen" hinterher. Die Zugspitze (2962 m) wurde erst 1820 ihrer Unschuld beraubt, später als Montblanc und Großvenediger, obgleich sie viel weniger exponiert ist als diese. Etwas zögerlich setzte der Vermessungsleutnant Joseph Naus, den das Topographische Büro der königlich-bayerischen Generalität hinaufkommandiert hatte, seinen Fuß auf den höchsten Punkt. Der junge Mann brach auch in dichtem Schneegestöber die Besteigung nicht ab und erwarb sich den Ruf eines - wenn auch unfreiwilligen - Helden.

Erst Jahre nach seinem Tod begann 1897 die touristische Erschließung mit dem Münchner Haus des Alpenvereins (2962 m), für das man am Grat den Bauplatz heraussprengte. Zugleich verspannten die Münchner 120 m Drahtseil, schlugen 100 Eisenstifte und -bügel in den Fels hinüber zum Gipfel. Von Ehrwald aus Tirol kam die erste Seilbahn, Bayern zog mit der Zahnradbahn und auch einer Schwebebahn nach. Die Wissenschaft schaltete sich ein, zuletzt Physiker der Max-Planck-Gesellschaft, die Laserblitze in die Atmosphäre schießen. Skilifte folgten, ein Großhotel und die überdimensionale Funkstation der Deutschen Bundespost. Nun gleicht das Platt unter der Zugspitze dem Szenarium eines Science-fiction-Filmes, mit allem, was für Touristen zu jeder Jahreszeit gut ist.

Erst ein halbes Jahrhundert nach Einweihung der Zugspitzbahn legte man den Grundstein für die Kapelle Maria Heimsuchung, die im Oktober 1981 von Kardinal Ratzinger, damals noch Erzbischof von München und Freising, geweiht wurde.

Inmitten der Geschäftigkeit auf dem Platt wirkt das kleine Gotteshaus wie ein Mahnmal der Menschlichkeit, erstellt „zu Ehren der Heiligen Mutter Gottes, zur Freude aller Bergfreunde und zum Gedenken aller verunglückten und gestorbenen Bergsteiger". Brautleute lassen sich gern in der Marienkapelle trauen; auch Messen ermöglicht das katholische Pfarramt von Garmisch-Partenkirchen, das an jedem Sonntag nach oder vor dem Patroziniumstag einen Berggottesdienst feiert. Überhaupt sind die bayerischen Bistümer aufgeschlossen für Bergmessen. Das Erzbistum München hat eigens eine „Bergmessen-Konferenz" eingerichtet und gibt den Seelsorgern auf fünf Seiten Tips „Betreff: Berggottesdienst" an die Hand.

Wir vertrauten darauf, daß die Zugspitzmesse genau am Patroziniumstag, Punkt 12 Uhr, stattfand und warteten im Nebel vor der Kapelle - vergebens! Im Hotel Schneefernerhaus hörten wir, daß bei noch schlechterem Wetter der Pfarrer vor etwa 20 unverdrossenen Garmischern die Messe am Sonntag zuvor zelebriert hatte.

Ausgangspunkt: Garmisch-Partenkirchen (Wetterstein-Gebirge/Oberbayern), parken am Eisstadion (oder Zugspitzbahnhof). **Gehzeiten:** ca. 9 Std. (ab Zahnradbahn-Endstation ½ Std.); Wegweiser: Partnachklamm, Reintal, Knorrhütte (2052 m) und Punkte. 2.7. Patrozinium.

14
Zur Erinnerung an eine traurige Kaiserin

Elisabeth(Sissi)-Kirche (1796 m)

Die „Sissi"-Kapelle grüßt schon von weitem: Man kann auf

Mit der damals spektakulären Zahnradbahn auf's Plateau des Hochschneeberges, Einweihung im Frühjahr 1898, zugleich mit der Schweizer Gornergratbahn bei Zermatt, waren die Wiener, sowieso verwöhnt mit Semmering und Rax, um ein Wochenendvergnügen reicher. Die Alpinisten der Hauptstadt hatten den „Klotz" mit der imposanten Hochfläche lange vorher für sich entdeckt. Seit 1885 steht die Fischerhütte (2061 m) am Kaiserstein, und inzwischen zählt man mehr als 600 teils extreme Kletterrouten und Wanderwege.

Noch schwärmte man damals von der lustigen Fahrt auf den Berg, als nach der Inbetriebnahme im Spätsommer die Hiobsbotschaft von der Ermordung der Kaiserin Elisabeth das Habsburgerreich erschütterte. Lag doch das Drama von Mayerling, wo „Sissis" einziger Sohn, Kronprinz Rudolf, unter mysteriösen Umständen Selbstmord verübt hatte, gerade erst neun Jahre zurück. Schon am Tag nach ihrem Tod beschloß man, der so tragisch ums Leben gekommenen Monarchin ein Denkmal zu er-

richten. Zunächst dachte man daran, ein Observatorium, mit Votivraum zu ebener Erde, neben die Bergstation der Bahn zu setzen, das als „Elisabeth-Hochwarte" der Wissenschaft dienen sollte. Dieser Plan scheiterte an den Kosten. Schließlich einigte man sich auf den Bau einer Gedächtniskapelle, die der Wiener Weihbischof im September 1901 segnete. Im Frühjahr darauf besuchte Kaiser Franz Joseph I. die Elisabeth-Kirche, einen recht imposanten Bau, dessen Kuppe selbst von den Niederungen aus zu erkennen ist. Peter Rosegger fühlte sich aufgerufen und dichtete aus diesem Anlaß: „Sei gegrüßt, o schönes reines / auf einsamer Höhe erblühendes / Edelweiß. / Erhabenes trauerndes Sinnbild du / der herrlichen Frau..."

Wir freuten uns, bei schönem Wetter, auf die Fahrt mit dem dampfenden Zug, für die am historischen Bahnhof Nummern ausgegeben wurden. Eine Viertelstunde dau-

zwei Wegen zu Fuß hochsteigen ... oder die 1200 Höhenmeter bequem mit der historischen Dampf-Zahnradbahn überwinden.

erte das Wassernachfassen der Lok an der Haltestelle Baumgartnerhütte, wo derweil die Schneeberg-Reisenden nach Wuchteln anstanden, einem Hefegebäck mit Mohn. Als wir oben ankamen, waberte Nebel herab. Die Fischerhütte, wo Gebirgsjäger in voller Ausrüstung nach einer Übung rasteten, war kaum zu finden. Der Abstieg durch steile Schrofen bewies, daß man auch weniger bequem auf den Schneeberg gelangen kann.

Ausgangspunkt: Puchberg (Rax-Schneeberg-Gruppe/ Niederösterreich), parken am Bahnhof Puchberg. **Gehzeiten:** 1 Std. (ab Kirche) zur Fischerhütte (2049 m); Güterweg. Abstieg über Emysteig (gelbe Punkte hinter dem Damböckhaus) und Baumgartnerhaus zum P., ca. 4 ½ Std. Bergmesse am ersten Sonntag im August; 9.9. Sissi-Gedenk-Gottesdienst.

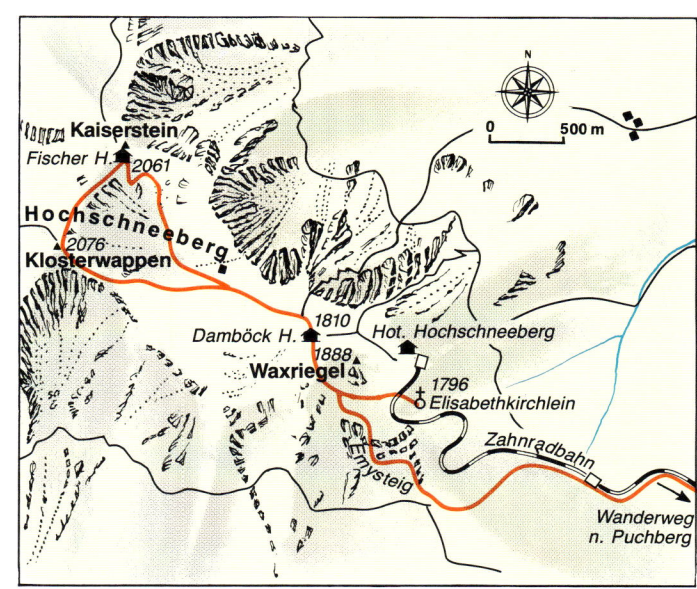

15

Vier-Berge-Lauf bei St. Veit (482 m)

Pilgerzüge zu den Kultstätten der Noriker

Die Sörger gehen schon einen Tag früher los und holen am Lo-

St. Veit an der Glan in Kärnten ist ein hübsches, von waldigen Kuppen umgebenes Städtchen mit einigen Seen drumherum. Der Besuch von Hochosterwitz, der wuchtigen Burg auf der Spitze eines Felsens in der Nähe - „castrum" seit etwa 1200 - gehört zum Standardprogramm auch des internationalen Tourismus. Lange bevor die spätere Herzogstadt aktenkundig wurde, hat sich hier, in „Carantana", Geschichte abgespielt.

Sie begann vor der Zeitenwende mit dem Königreich Norikum und seinem Zentrum auf dem Magdalensberg (1069 m). Hatten sich doch dort auf den Südhängen Honoratioren des Reiches niedergelassen und nach ihnen, kurz vor Christus, Römer, die sich Norikum als Provinz einverleibten. Hier fand man die ältesten, ungewöhlich gut erhaltenen Römerbauten in den Ostalpen, mit raffiniert beheizten Bädern, Wohn- und Kultbereichen, vielen Skulpturen. Star dieser Funde ist der „Jüngling vom Magdalensberg", eine lebensgroße Bronzestatue, die schon 1502 von einem Bauern bei der Feldarbeit ausgegraben wurde.

Nach den Römern kamen Germanen, Slawen, Awaren, Bayern und so fort - das soll jedoch nicht weiter Gegenstand unserer Betrachtung sein. Unser Interesse gilt ausschließlich dem Magdalensberg und seinen nahezu quadratisch angeordneten „Trabanten" Ulrichsberg, Veitsberg und Lorenziberg - alle an die 1000 Meter hoch -, in deren Schnittpunkt man sich lange vor Christus zu Riten um das heilige Wasser an einem Brunnen der Isis-Noreia getroffen haben soll. „Isis" steht für eine ägyptische Göttin, „Noreia" für die durch Eisenabbau bekannte Hauptstadt von Norikum, höchstwahrscheinlich die alte Handelsniederlassung Magdalensberg mit ihren Tempelbezirken.

renziberg ihr Vortragekreuz ab.   *Erst wird in der kleinen Kirche gebetet, dann im Gasthaus gerastet.*

Insofern ist verständlich, daß einige Lehrmeinungen den Ursprung der Kärntner Wallfahrt, und damit kommen wir zum Thema, in diese Zeit verweisen.
In den „Annales Carinthiae", Leipzig 1612, wird erstmals von einer Kirchfahrt berichtet, da „jährlich an der heiligen drei Nägl Tag das gemeine Landvolck auf die höchsten Perg laufft, und muß diß Lauffen an einem Tag verricht werden". Der „Dreinagel-Freitag" gilt - wir machten uns kundig - der Verehrung eines Kreuznagels Christi und fällt auf den Freitag nach „Sonntag Quasimodogeniti". Genauer: am zweiten Freitag nach Ostern beginnt auf dem Magdalensberg mit einer Messe um 24 Uhr eine der berühmtesten Wallfahrten, der „Vier-Berge-Lauf", den das Fußvolk spätestens bei Sonnenuntergang gegen 17 Uhr am Lorenziberg beendet haben muß, wenn die Strapazen dieses Wettlaufs mit Gelübden und Fürbitten nicht vergebens gewesen sein sollen...
Den systematischen Grabungen seit Mitte des vorigen Jahrhunderts folgte eine wissenschaftliche Noreia-Arbeit nach der anderen, aber mindestens eben soviele über die fromme Kirchfahrt bei St. Veit. Ein Münchner Dozent erhielt sogar, nach seiner Habilitationsschrift über dieses Thema, den Ruf auf den Lehrstuhl für Völkerkunde an der Universität München. Ihm „scheinen hier Menschen einer Kultur verpflichtet, die seit fast 3000 Jahren vergangen ist". Der Professor hat sich den Kärntner Wallfahrern

Am Magdalensberg wurden Tempel, Werkstätten, Badehäuser und Büsten römischer Bürger gefunden.

siebenmal angeschlossen, bei Sonne, Sturm und Regen. Überflüssig zu erwähnen, daß auch die Kirchen auf den Kultbergen, mit Ausnahme der kleinen Veitskapelle, ihre Vergangenheit haben, insbesondere der Ulrichsberg, „mons carantanus", der Norikern und Römern als Gebetsplatz diente. Danach entstand eine frühchristliche Kirche, die seit der Säkularisation vor mehr als 200 Jahren verfällt.

Was ist in den 500 Jahren seit Erwähnung in den „Annales Carinthiae" aus diesem Brauch geworden?
Wir haben die „Vierberger" erlebt. Die meisten sind immer noch mit frommem Ernst dabei. Oft motiviert sie eine Bitte an die Jungfrau, oder sie wollen ihr danken. Und viele glauben, ihnen sei das Paradies sicher, wenn sie d r e i m a l über die vier Berge gehen. Unter den Tausenden sind seit den siebziger Jahren aber auch Wanderer und

Hier beginnt der Kärntner Vier-Berge-Lauf offiziell um Mitternacht mit einer gemeinsamen Messe.

Jogger, die sich zu diesem Volksmarsch sportlich herausgefordert fühlen.

Daß unsere Fahrt in Sörg, einem der netten Bergdörfer am Weg, ihren Anfang nahm, verdankten wir einem Zufall. Wir wollten am Donnerstag v o r dem Ereignis den Wegverlauf erkunden und trafen im Gasthaus Sörgerwirt einen jungen Mann, der mit Alpstock und verwegenem Filzhut mächtigen Eindruck machte. Von ihm hörten wir, daß die Sörger nach alter Tradition schon einen Tag früher, beim Elferläuten, ihren Vier-Berge-Lauf antreten, zunächst zum Lorenziberg gehen, wo übers Jahr ihr Tragekreuz aufbewahrt wird, dann weiter zum Magdalensberg, wo sie in der Kirche Andacht halten, bevor sie sich im Gasthaus ausruhen. Nach dem mitternächtlichen Gottesdienst gehen sie dann mit denen, die erst hier starten, und beenden die Bittfahrt schon in ihrem Dorf.

„Nachtwache" vor der Kirchenruine auf dem Ulrichsberg, der schon vor 3000 Jahren als Kultplatz diente.

Der Besitzerin des kleinen Kaufhauses am Ort, Theresia Habernig, einer erfahrenen „Vierbergerin", verdanken wir die Einladung, uns der „Goldenen Kette" anzuschließen. Mit ihrem Kreuzträger, Erwin Groining, dem Vorbeter Burghard Kreuzer, Spaßvogel Wilfried und vier jungen Leuten umschritten wir dreimal die Dorfkirche, an deren Pforte Pfarrer Gwendler seine kleine Pilgerschar verabschiedete. Walter Seurig hatte sich verspätet.

Ein selten sonniger Apriltag. Wir wanderten durch blühende Wiesen, vorbei an Bildstöcken, immer dem Rhythmus der Gebete angepaßt, und waren weit weg von gestern und morgen. Die Sörger hatten uns „angenommen". In Reidenau begrüßten uns Böller, Obstler wurde gereicht und der Zug mit einem Böllerschuß weitergeschickt. Walter erzählte, während wir wieder Tritt faßten, daß er 1981 ein Gelübde für seine zwei Monate alte,

Es war kalt, und die einzelnen Gruppen wärmten sich abwechselnd am lodernden Holzfeuer.

schwer erkrankte Tochter abgelegt und 40 Pfund Getreide mitgeschleppt habe, oft genug in Versuchung, die Last abzuwerfen. Das Kind wurde gesund! Ein Freund hätte nicht durchgehalten, deshalb brachte seine Frau ein Mädchen zur Welt - und nicht den Wunschsohn. Diesmal trage er eine Bitte seines Schwiegervaters mit sich.
An der Lorenziberg-Kirche hielten unsere Pilger die erste Rast. Wie ihre Vorväter nahmen sie aus einem Korb gesegnetes Getreide, nicht ohne einen Geldschein daneben zu legen. Dann wanderten sie weiter nach St. Veit.
Nachts auf dem Magdalensberg trafen wir sie wieder. Und ließen am Prunnerkreuz (von Johann Dominikus Prunner, einem „städtischen Schreiber und Archäologen", anno 1690 nach einem schrecklichen Erdbeben - „terrae motus" - als Bildstock-Kapelle gestiftet) die Glühwürmchenkette der Läufer mit ihren Taschenlampen an

Trotz der Kälte harrten die meisten geduldig auf dem Ulrichsberg bis zum Sonnenaufgang aus.

uns vorbeiziehen – die ersten schon eine Stunde nach Mitternacht. Am Zollfeld, auf dem einst die große Römerstadt Virunum stand, gingen sie zum erstenmal über die Glan, liefen querfeldein nach Pörtschach am Berg und in einem Zug zum Ulrichsberg.

Es war stockdunkel, als wir diesen merkwürdigen Platz hoch über Klagenfurt erreichten. Unter uns die Lichter der Stadt, die rot aufflackernden Warnlampen des Flugplatzes. Es war kalt. Vor der gespenstischen Kirchenruine loderte ein Feuer, um das sich immer mehr Menschen drängten. Andere lagen im Wald und schliefen. Bekannte begrüßten sich, ließen sich zur Jause nieder. Thermos- und andere Flaschen wurden ausgepackt. Eine Polizeistreife behielt bei zunehmender Volksfeststimmung die Übersicht. Auch die Sörger waren wieder da. Nun erst erschien uns glaubhaft, daß sich Tausende an diesem Lauf beteiligten. Die Rekordmarke soll mit 3500 Teilnehmern am Dreinagel-Freitag vom 1. Mai 1987 erreicht worden sein. Nach Kriegsende 1945 waren es nur zehn Leute gewesen, die betend über die Berge liefen, meist Frauen, die auf ihre Männer warteten.

Unvergessen ist heute noch der Bauer Ferdinand Eicher, der seit 1909 mit den Vierberglern ging, davon 40 Mal als Vorbeter der Leute aus seinem Heimattal. Als ihm 1926 die Ernte verhagelte und das Vieh durch eine Seuche wegstarb, ließ er sich ein Vortragekreuz bauen, das – nach der Wallfahrt auseinandergenommen –, in einen Rucksack paßte. Es wird nun Jahr für Jahr von einem der Vorbeter seiner Metnitztaler vorangetragen. Ihre Prozession beginnt schon um 9.00 Uhr in Pöckstein.

Professor Gerndt von der Münchner Universität schrieb in seiner Habilitationsarbeit, „wer je dabeigewesen und, eingereiht in die Schar der Wallfahrer, über 50, ja 70 oder mehr Kilometer mitgegangen ist, dem scheint das physische und psychische Grunderlebnis eine unabdingbare Voraussetzung, den Brauch in seiner funktionellen Ausprägung und Wirkung zu verstehen." So ist es. Selbst dem Zugereisten teilt sich dieses Grunderlebnis mit, zumal wenn er die Vorgeschichte des Kults kennt, das allgemeine Wallfahrtsverbot von 1772, die Abschaffung des Dreinagel-Freitags als Feiertag, das Absperren der Kirchen und die heimlichen Glaubensfahrten, bis seit 1840 der Vier-Berge-Lauf gewaltigen Zuspruch fand.

Die Nacht auf dem Ulrichsberg ähnelt immer noch einem Ritual. Eine seltsame Mischung aus Andacht und Fröhlichkeit vereinte die Tausende, bis sie im Morgengrauen eilig aufbrachen. Am Gitter vor dem Innern der Ruine stand, wie in allen Kirchen, ein gefüllter Korb zum „Getreidetausch" neben Windlichtern. Dahinter erkannten wir am Gemäuer einige mit Kränzen und Schleifen geschmückte Gedenktafeln für jene ausländischen Soldaten, die auf großdeutscher Seite am Zweiten Weltkrieg teilnahmen. Ein neuer Kult? In der Tat, hier treffen sich einmal im Jahr alte SS-Kameraden von nah und fern; aber davon hörten wir erst später.

Schon an der nächsten Station der Wallfahrt, im Dorf Karnberg, mehr noch in Zweikirchen (wo wie häufig in der Umgebung von St. Veit museumsreife Römerreliefs ins Mauerwerk von Kirchen und Wohnhäusern eingelassen sind) standen Menschentrauben, Pfarrer und Ministranten mit Fahnen zum Empfang bereit. Nachdem sie ihr Kreuzzeichen vor dem Altar gemacht hatten, begrüßten sich ausgelassen Freunde und Verwandte, sammelten Kinder Unmengen von Süßigkeiten ein. Auch das ein Brauch, für den die „Vierberger" Vorsorge treffen.

Und weiter, bei Liebenfels wieder über die Glan, dann nach Liemberg. Der Dorfwirt hatte einen Biergarten aufgebaut. In den Wiesen ruhten Gruppen von Wanderern.

Am Straßenrand warteten Dorfkinder auf Bonbons.

Oder sie ließen sich im Schloß, früher von den Baronen Sterneck, nun von der bürgerlichen Johanna Auer mit Most und Hollersaft freihalten, bevor sie zum Veitsberg aufstiegen. Hier sahen wir die Sörger zum letztenmal. Noch einmal Professor Helge Gerndt: „Der Vierbergelauf ist ein faßbar, alljährlich objektiviertes Kultphänomen, das wir als einen Spiegel soziokultureller Probleme auffassen können." Dem ist nichts hinzuzufügen.

Ausgangspunkt: St. Veit an der Glan (Kärnten), parken im Ort (Sonderbus ca. 21.30 Uhr zum Magdalensberg). Dort Start nach Mitternacht über Ulrichsberg, Veitsberg zum Lorenziberg. **Gehzeiten:** ca. 17 Std. mit allen Messen, teils querfeldein im Strom der Wallfahrer. **Termin:** Jedes Jahr am zweiten Freitag nach Ostern.

Einsiedelei (990 m) Saalfelden

16

Die frommen Brüder von der Georgskapelle

Anstelle der Wohnhöhle ein Kirchlein mit Turm.

Der erste Klausner hieß Thomas Pichler von Embach und zog anno 1664 in die Felsengrotte am Georgspalfen. Schon 100 Jahre früher hatte man dort in einer Felsnische dem heiligen Georg, dem Märtyrer, Soldatenheiligen und ritterlichen Nothelfer, als „Patron für unser liebes Vieh" einen Altar aufgestellt. Anstelle der Wohnhöhle baute man bald ein Kirchlein mit Zwiebelturm und Glocke, die der Franziskanermönch zu bedienen hatte, wenn er von seinem Hochsitz aus Brände entdeckte. Bruder Thomas richtete sich, mit Gärtchen, wohnlich ein, bis er 1699 nach einem Sprung aus dem Fenster des Saalfelder Dechanats das Zeitliche segnete.

So beginnt die Geschichte der romantischen Georgskapelle über Saalfelden am Steinernen Meer. Dem ersten folgten nahtlos andere Eremiten, die in der Regel auf ihren christlichen Lebenswandel überprüft wurden und mehr oder weniger lange, mehr oder weniger fromm die Einsiedelei bewohnten. Dem Kunstkoch Anton Huber aus München gab die Gemeinde 1763 den Rat, als Koch in den Talwirtshäusern ein wenig Geld zu verdienen, was die Kirchenoberen erboste; Karl Kurz aus Leoben machte die Klause 1969 durch einen Fernsehauftritt bekannt – und wurde prompt überfallen. Einer der letzten Einsiedler war Dr. Anton Gruber, Lungauer Bezirkshauptmann, der 1977 die Weihnachtsandacht vor der Grotte einführte. Seine Neigung zu starken Getränken sah man ihm gern nach, drei Jahre später war er tot.

Ihm folgten noch drei „Brüder", zuletzt Franz Wallner aus dem Pinzgau. Er war Kriegsteilnehmer als Artillerie-Geschützführer, danach Gendarm der Alpinen Rettung.

Nun hat ein Jausenwirt die Eremiten abgelöst. Doch einige ihrer Totenbretter werden in der Höhle neben der Felsenkanzel aufbewahrt.

Ausgangspunkt: Saalfelden am Steinernen Meer (Salzburger Alpen), parken im Ort. **Gehzeiten:** ¾ Std.; Wegweiser (mit Peter-Wiechenthaler-Hütte, 1707 m, markiert ca. 4 Std.). Gottesdienste: Jeden ersten Samstag Juni bis Oktober, Heiligenabend um 13.00 Uhr.

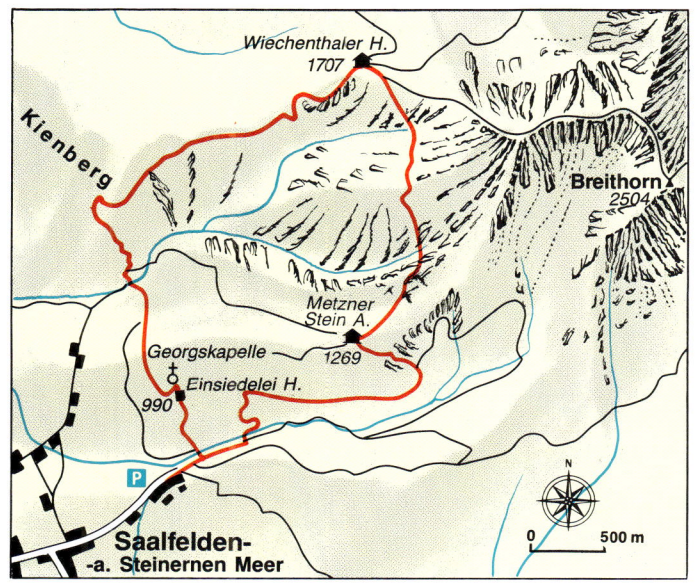

Jetzt Platz für die Christmette am Heiligabend.

St. Gerold (849m) im Walsertal

17

Ein Ort zur Rast auf der großen Fahrt des Lebens

Ihre „Schwarze Madonna" trugen die Walser mit.

War Gerold ein sächsischer Herzog? Ein angesehener Räter, der seinen Besitz im heutigen Vorarlberg dem Schweizer Stift Einsiedeln vermachte – oder dem ständig in Krisen und Schlachten verstrickten Kaiser des Heiligen Römischen Reiches, Otto I. (912–973), als Versöhnungsgeschenk präsentierte, und wenn ja: warum? War er sein Waffenbruder? Oder, wie Heimatkundler wissen wollen, der erste Siedler im Walsertal? Danach soll Otto I., der Große, ihn als Hochverräter geächtet und Gerold sich in den Urwald am Lutzbach gerettet haben. Der Kaiser begnadigte ihn, sagen sie, anno 949. Eine andere Quelle berichtet von seinem Tod 29 Jahre später. Das Geheimnis des „großen Toten" konnte bis heute nicht eindeutig gelüftet werden, so heißt es dagegen in einer Klosterschrift. Sicher ist, daß über seinem Grab die erste, bescheiden aus Holz errichtete Propstei entstand, und daß man bei jüngsten Grabungen Gerolds letzte Ruhestätte freilegte. Seine Hirnschale ist seitdem hinter Glas in der reich mit Legendenfresken geschmückten Gedenkkapelle eingemauert;

Erst von Raggal aus, dem Hauptort des Großwalsertals, kann man den alten Säumerweg (am Haus) überblicken.

eine Treppe führt in die Düsternis des romanischen Kirchenraumes mit dem geöffneten Grab.

Sicher ist auch, daß die Propstei nach allerlei politischem Hin und Her per Kaufvertrag vom 30. November 1840 wieder dem Stift Einsiedeln im Schweizer Kanton Schwyz gehört, so wie seit der Schenkung vor 1000 Jahren. Noch vor 250 Jahren trugen Mönche und „viel Volk" ein Abbild des Gnadenbildes der „Schwarzen Madonna" von Einsiedeln nach St. Gerold in die Muttergottes-Kapelle, möglicherweise über den großen Walserweg, wie um 1300 schon ihre bäuerlichen Vorfahren aus dem Kanton Wallis, die auf der Landsuche bis nach Mittelberg im Allgäu kamen. Damit ist nur ein Bruchteil dessen erzählt, was an diesem einstigen Wallfahrtsort so fasziniert. Dazu gehört auch seine Lage inmitten einer ruhigen Landschaft über dem Talboden. Kein Berg über 2000 m hüben und drüben, die Zufahrt von Bludenz jetzt modernisiert, aber erst seit kurzem komplett bis zum Bregenzer Wald. Vis-à-vis auf Wiesenflecken Höfe und Raggal, der Hauptort des Tales, dem man wünscht, daß er sich nicht zum Touristen-Babel entwickeln möge.

Die Klosteranlage, wie der Besucher sie heute vorfindet, entstand gegen Ende des 16. Jahrhunderts. Von 1938 bis 1945 wurden die Benediktiner als unerwünschte Personen abgeschoben. St. Gerold geriet unter deutsches Kriegsrecht und mußte zeitweilig als Gefangenenlager herhalten. Nach ihrer Rückkehr standen die Patres vor dem Problem, was mit den vernachlässigten Gebäuden anzufangen sei. Sie haben es beispielhaft gelöst. Als zeitgemäße Begegnungsstätte zieht das auch geistig umgekrempelte Kloster junge Leute und Künstler an, es soll hier, nach den Worten des Propstes Pater Nathanael Wirth versucht werden, „Erde und Himmel zusammenzubringen".

Ein glücklicher Zufall führte uns nach St. Gerold, als gerade ein in diesem Sinn typisches Ereignis gefeiert werden sollte. Schon der mit modernen Plastiken gestaltete Innenhof überraschte, mehr aber noch das expressionistische Chorwandfresko und die neue Orgel, Anlaß der Feier.

Daß sie gerade an diesem Ort entstand, belegt eindrucksvoll die Absicht der Patres, sich auch den Nöten der Gegenwart zu stellen. Sie hatten fünf Jahre zuvor einen jungen Orgelbauer, der damals mit einer schweren Lebenskrise nicht fertig wurde, im Klostergasthaus als Tellerwäscher aufgenommen. Langsam fand Christian Enzensbacher hier zu sich zurück, baute zunächst eine kleine, dann die große Orgel, die nun, in Anwesenheit des Abtes aus der Schweiz, vom Organisten des Stiftes Einsiedeln eingeweiht wurde.

Und wieder ein Zufall: ausgerechnet Pater Nathanael zeigte uns den Walserweg unterhalb der Propstei, den wir nicht finden konnten, und den Hinweis an der Klostermauer „Walserweg - Blons - Raggal". Man braucht viel Phantasie, um sich vorzustellen, daß über diesen Pfad, über morsche Knüppeldämme und wacklige Stege die Mönche mit der „Schwarzen Madonna", als Geschenk für ihre Brüder in St. Gerold, gezogen sind. Sicher verlief hier der alte Säumerweg; aber erst jenseits des Tales, von Raggal aus, überblickt man den ganzen Klosterkomplex. Die Gemeinde St. Gerold über der Propstei ist ein Streudorf und eng verbunden mit den Anfängen des Klosters. Hier sind die Walser, nach Meinung des Wirts vom Gasthof Kreuz, immer noch Eigenbrötler. Der Fremdenverkehrsverband charakterisiert sie als zäh, arbeitsfreudig und bedürfnislos, verschlossen, vorsichtig, religiös mit einer Neigung zu Mystik und Aberglauben.

„Was meinen Sie", erzählte der Kreuzwirt, „wie lange es dauerte, bis sich einige Familien von uns einigten, die Gaßner Alpe mit Zimmern und Lagern im Sommer zu bewirtschaften!" Nun hoffen sie, daß auch ihre Talseite mit der Gemeinschaftsalm (1562 m) von den Touristen entdeckt wird. Es sei ihnen, die bis vor kurzem von der Landwirtschaft lebten und jetzt zur Hälfte für den Broterwerb bis in die Schweiz pendeln, gegönnt. Doch sollte St. Gerold, mit den Worten des Propstes, ein Ort bleiben, „an dem der Mensch auf der großen Fahrt des Lebens ausrasten kann"…

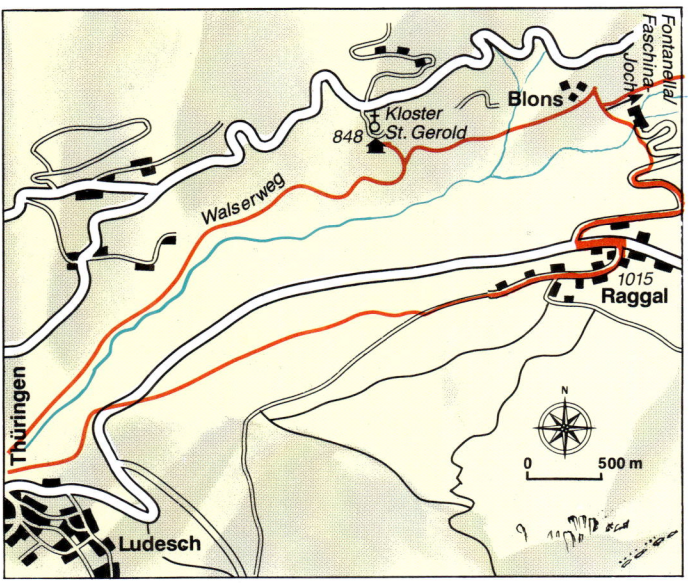

Ausgangspunkt: St. Gerold (Großes Walsertal/Vorarlberg), parken an der Propstei. **Gehzeiten:** ca. 3 Std.; „Walserweg" Blons-Raggal. (Rundwanderung: Parken am Ortsende von Thüringen; **Gehzeiten:** ca. 9 Std.; „Walserweg" St. Gerold, Blons-Raggal, zurück nach Thüringen). Gottesdienste: Jeden Samstag 7.00 und 9.00 Uhr. Patrozinium 19.4. (Gerold).

18

Das Marterle (1849 m) im Mölltal

Eine Bergkirche im Angesicht der „Unholden"

Marterle: Papst Pius X. erlaubte sogar Ablässe.

Zuerst stand unter dem Laitenkopf (2449 m) ein Wetterkreuz im direkten Gegenüber der „Unholden", der Lienzer Dolomiten. Dann baute man ihm ein hölzernes Kapellchen, und immer mehr Leute kamen von nah und fern, um im Marterle für Schutz bei Unwetter zu bitten. 1895 zählte man über 2000 Wallfahrer. Da endlich genehmigte der Fürstbischof Dr. Josef Kahn den Bau des stattlichen Gotteshauses und nahm, gut zehn Jahre später, höchstpersönlich die Weihe vor. Sogar der Heilige Stuhl nahm Notiz vom „Marterle": Papst Pius X. verlieh ihm Privilegien für Ablässe, den vollkommenen nach Empfang der Sakramente der Buße, und einen unvollkommenen „wenn man sich im Stande der heiligmachenden Gnade befindet". Im „Pfarrhöfl" nebenan zog ein Seelsorger ein. Nicht nur seine bäuerliche Vorgeschichte, auch die Lage zwischen den Bergen machen diesen Wallfahrtsort liebenswert. Wer gut zu Fuß ist (oder mit dem Auto hinauffährt) sollte auf markiertem, gutem Pfad den Laitenkopf besteigen, vis-à-vis von den „Unholden".

Ausgangspunkt: Rangersdorf (Unteres Mölltal/Kärnten), parken im Ort (auch Forstweg für PKW mit P. an der Kirche). **Gehzeiten:** 3 Std.; Wegweiser, Weg Nr. 155. **Wallfahrten:** Sonntag nach Patrozinium am 12.9. (Mariä Namen).

19

Jakobstöckl (2046 m) am Jakobskopf

„Aber dafür ist mein Sterben um so schöner"

Wer im Pustertal die Staatsstraße 49 in St. Lorenzen verläßt und nach Süden abbiegt, dort aber nicht die neue, untere Straße ins Gadertal, sondern den alten, „o b e r e n Weg" nimmt, der kommt nach Maria Saalen. Und dort findet er nicht nur ein Gasthaus, das diesen Namen wirklich verdient, sondern auch eine alte Wallfahrtskirche, um die sich eine abenteuerliche Liebesgeschichte rankt. Pfarrer Anton Schwingshackl hat sie aufgeschrieben, wir erzählen sie in Kurzform:

Anno 1616 lebte auf der nahen Michelsburg Graf Engelbert Dietrich von Wolkenstein, dessen Sohn Ludo bei einem Jagdausflug vom Pferd stürzte, ohne daß seine Begleiter es merkten. Stundenlang lag der Junker mit gebrochenem Fuß allein im Wald, bis ihn endlich die Sennerin Walburga fand und zur Mühlbacher Alm schleppte. Er verliebte sich in das hübsche Bauernmädchen, und so kam, was kommen mußte: Walburga wurde schwanger und brachte einen Knaben zur Welt, der den Namen Gregor erhielt.

Schauplatz einer bitter-süßen Liebesgeschichte: Die 1652

fertiggestellte Wallfahrtskirche Maria Saalen und die Kulisse der Rieserfernergruppe.

Ludo wollte Walburga heiraten. Doch sein Vater, der Graf von Wolkenstein und Herr der Michelsburg, verbot die nicht standesgemäße Ehe und verlangte statt dessen, daß sein Sohn die Tochter des Grafen von der Kehlburg zur Frau nähme. Ludo war verzweifelt. Er tat zwar so, als wolle er dem Vater gehorchen, hielt aber Walburga die Treue und traf sich immer wieder heimlich mit ihr. Ja, er sorgte sogar dafür, daß Walburga mit ihren Eltern in einem Häusl unterhalb der Michelsburg wohnen durfte.

Kurz nachdem Walburga ein zweites Kind von ihm, diesmal ein Mädchen, zur Welt gebracht hatte, starb Ludo überraschend an Lungenentzündung. Das erschütterte den alten Burggrafen so sehr, daß er reuevoll beschloß, den kleinen Gregor, der ja sein Enkel war, als Pagen zu sich zu nehmen. So lernte er dort reiten, fechten und tanzen.

Als Gregor 20 Jahre alt war, schickte ihn der Burgherr einmal als Boten zur Äbtissin von Sonnenburg, dem Nonnenkloster auf der gegenüberliegenden Talseite der Rienz. Dabei lernte er Roswitha kennen, die ebenfalls unehelich

Aufstieg über Onach: Ab 1100 Meter lag Schnee.

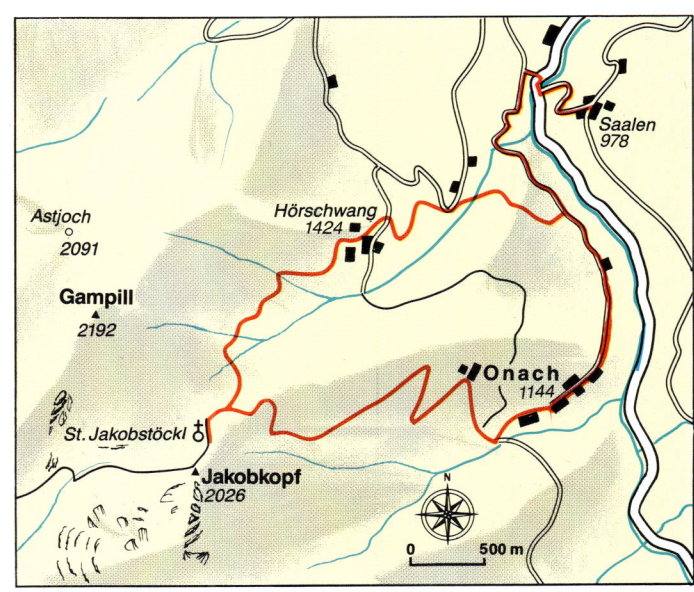

Das Jakobstöckl am uralten Übergang nach Lüsen: Eiskalter Wind wehte, doch wir genossen den Rundblick.

geborene Ziehtochter des Pförtnerehepaares. Gregor verliebte sich sofort in sie und bat um ihre Hand. Doch da eröffnete ihm die Äbtissin, daß Roswitha und er den selben Vater hätten, Roswitha also seine Schwester sei und eine Heirat nicht in Frage komme.

Für Gregor brach eine Welt zusammen. Er verließ die Michelsburg, trat in die Dienste des deutschen Kaisers und trieb sich während des Dreißigjährigen Krieges als Söldner in halb Europa herum. 1648 kehrte er nach Tirol zurück, ließ sich im Wald bei Maria Saalen als Einsiedler nieder, sammelte Kräuter, behandelte Kranke und half auch beim Bau der Wallfahrtskirche, die 1652 fertig wurde. Von Roswitha hatte er nie wieder etwas gehört – bis kurz vor seinem Tode. Da wurde bekannt, daß damals bei der Taufe in der Kirche von St. Lorenzen eine Patin zwei kleine Mädchen miteinander vertauscht hatte. Roswitha war gar nicht seine Schwester, er hätte sie also ruhig heiraten dürfen! Gregor lag schon auf dem Sterbebett, als eine Nonne ihn sanft auf die Stirn küßte. Er erkannte seine einstige Geliebte und sagte leise: „Mein Leben war nie schön, aber dafür ist mein Sterben um so schöner"

Als wir von Maria Saalen zum Jakobstöckl aufstiegen, leuchteten unten im Tal die Bäume noch herbstlich golden. Aber oben, an der kleinen Bildstock-Kapelle, lag schon Schnee, und es wehte ein eisiger Wind. Wir genossen trotzdem den Rundblick über das Pustertal und die verschiedenen Schauplätze einer bittersüßen Liebesgeschichte, von der wir nicht wußten, ob sie wahr oder nur erfunden war. Denn erst später erfuhren wir, daß im Totenbuch von St. Lorenzen für das Jahr 1666 tatsächlich ein Gregor Synner eingetragen war, der aus Mühlbach stammte und als Einsiedler starb.

Ausgangspunkt: Maria Saalen bei St. Lorenzen (Pustertal/Südtirol), parken am Gasthaus Saalen. **Gehzeiten:** ca. 4 Std.; Wegweiser zum Gaderbach, dort nach Montal, Weg Nr. 11 nach Oberonach und Weg Nr. 3, Punkte. **Wallfahrten:** Selten, nur regional.

Schüsserlbrunn (1398 m) am Fels

20
Durch die Klamm zur Mariahilf für das liebe Vieh

Holzstege führen durch die Bärenschützklamm.

Die Legende dieser in ausgesetzter Lage an den Gipfelstock des steirischen Hochlantsch (1720 m) gebauten Kapelle ist, im Vergleich zu manch anderen, realistisch. Ein Rind soll aus ziemlicher Höhe abgestürzt und unverletzt auf dem winzigen Flecken unter der Wand gelandet sein - ein Wunder. Der dankbare Besitzer der Kuh errichtete an der Stelle ein Kreuz. Bald zogen Bauern und Hirten aus dem Hinterland mit den hügeligen, kaum überschaubaren Wiesen um die Teichalm zum Gebet herbei. Erst gegen Ende des letzten Jahrhunderts löste die schöne, große Holzkapelle eine kleinere ab, die man um das Kruzifix herumgebaut hatte. Daß man dabei in einer Höhlung hinter der Kapelle eine Quelle fand, der bald Wunderkräfte zugeschrieben wurden, brachte der Wallfahrt immer mehr Zulauf. Das stetig tropfende Wasser hat ein „Schüsserl" ausgewaschen; man muß schon niederknien, um es zu finden.

Selten hat uns eine Wallfahrtswanderung so überrascht wie diese. Unser Ausgangspunkt war Mixnitz, ein Dorf an der Mur südlich von Bruck, die Bärenschützklamm in unmittelbarer Nähe. Selbst Klammkenner dürften von der 1901 gebauten Alpenvereins-Steiganlage überrascht sein. Sie überwindet 350 Höhenmeter und entließ uns ziemlich müde ans Tageslicht, wo wir beim „Guten Hirten" ausruhten.

Die Wirtsleute Harrer erzählten, daß der Geistliche Rat Kelz von St. Erhard, nördlich von Mixnitz, noch als todkranker Mann mit den Senioren seiner Pfarre die verwahrloste Kapelle instand setzte. Ihm zu Ehren bauten sie den Pfarrer-Kelz-Weg, der jedes Jahr auf ihren Wallfahrten begangen wird.

Etwas oberhalb der Kapelle bewirtet seit alters her der „Steirische Jockl" Pilger und Touristen (1.5. bis 30.10., Zimmer und Lager). Hier steigt man auf markiertem Weg auf den Hochlantsch hinauf und über Stufen ein paar Meter abwärts zur Andachtsstätte. Der Rückweg über die amüsante Tyrnauer Alm, vorbei an der Roten Wand, war landschaftlich interessant. Markierungen oft unter Gräsern verborgen!

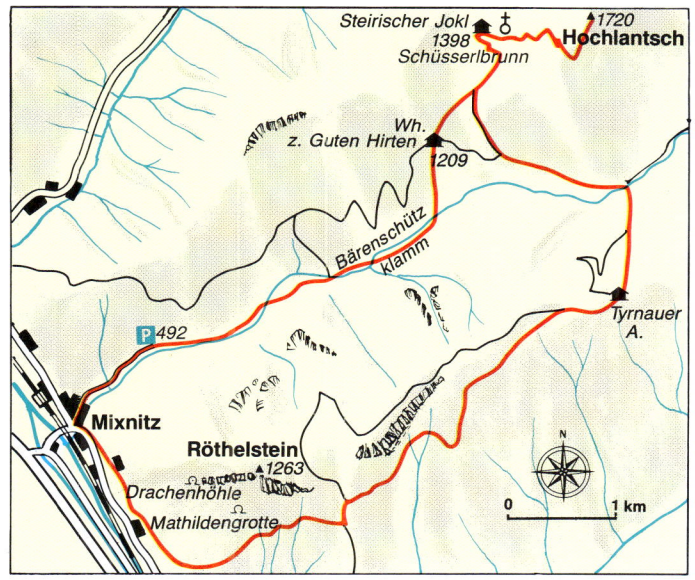

Schüsserlbrunn: Hinter der Kapelle eine Quelle.

Ausgangspunkt: Mixnitz an der Mur (Fischbacher Alpen/Steiermark), parken am Ortsende. **Gehzeiten:** 3 Std.; Wegweiser zur Bärenschützklamm, Wirtshäuser „Guter Hirte" und „Steirischer Jockl". **Wallfahrten:** Von St. Erhart 26.7. (Annatag), 12.8. (Hochwasser-Bittfahrt).

Die „Deutsche Kirche" war leider geschlossen. Nur ein Guckloch erlaubte kurze Blicke ins Innere.

21

Deutsche Kirche/Dobratsch (2167 m)

Bergpredigt für die Knappen aus dem Bleiberger Tal

Die Julischen Alpen und die Karawanken sind am Dreiländereck bei Arnoldstein, wo die Grenzen von Österreich, Italien und Jugoslawien aneinanderstoßen, gute Nachbarn des Dobratsch auf der anderen Seite des Unteren Drautales. Villach ist nicht weit, deshalb liebt man hier mehr die Bezeichnung „Villacher Alpe" für den klotzigen Berg, dem 1348 bei einem Erdbeben, „wie es seit den Leiden Christi keines mehr gegeben hat", ein Felssturz zu seiner charakteristischen Südseite verhalf. Die Erinnerung an die Kärntner Volksabstimmung vom 10. Oktober 1920 ist ungebrochen. Seit damals gehört das Südkärntner Gebiet mit seiner deutsch-slowenisch sprechenden Bevölkerung zu Österreich.

Auf den Dobratsch hat Julius Kugy, der selbst jenseits der Landesgrenze bekannte Erschließer der Julischen Alpen, als Bub seine ersten Bergsteigerschritte gelenkt. Am höchsten Punkt steht die Deutsche Kirche, angeblich auf einem Kultplatz, dessen Heiligtum ein Stein war. Ende des 17. Jahrhunderts beschlossen Knappen und Gewerken aus dem Bleiberger Tal „auf der Alm beym Stain" in Sichtweite der drei Jahre früher vollendeten Windischen Kirche ihr eigenes Gotteshaus zu bauen, weil sie die Windischen verdächtigten, ihren Gebetsstein über die Wand hinabgeworfen zu haben. Jetzt ist die „Windische" verwahrlost, die Kirche der Knappen mit dem in den Altar vermauerten Stein jedoch in gutem Zustand, was durch die Jahrhunderte auf verkarsteter, sturmumtoster Hochfläche große Anstrengungen erforderte. Mit dem 165 m hohen Sendemast des Österreichischen Rundfunks hat die Alpe 1971 ihr modernes Wahrzeichen bekommen. Dicht daneben das Ludwig-Walter-Haus, das die Knappen 1820 für Priester, Meßner und Wallfahrer errichteten. Der Alpenverein hat es dann übernommen und mehrfach erweitert.

Touristen und Skiläufer trafen sich hier schon früh, besonders jedoch seit sich die breite, das ganze Jahr hindurch offene, fast 17 km lange Mautstraße von Villach bis zum Parkplatz hinaufwindet. 600 Parkplätze, eine kleine Sesselbahn im oberen Bereich, Schlepplifte und zwei

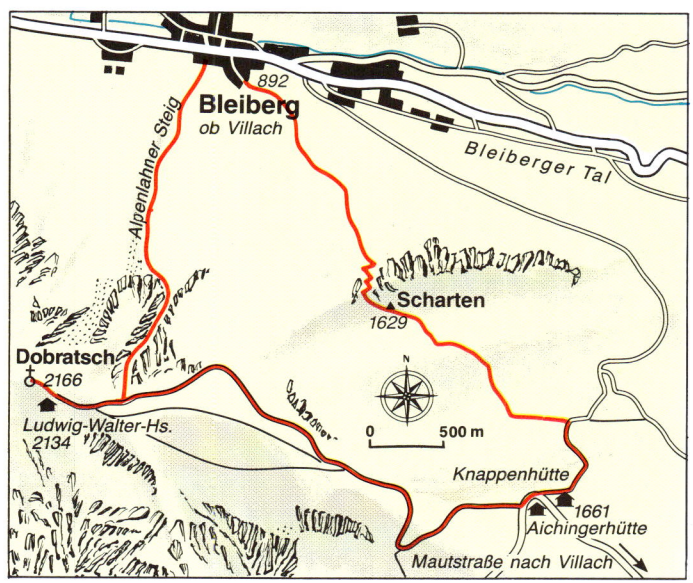

moderne Gasthäuser bilden nun den Rahmen für die Besucher des erhabenen Ziels mit dem Panoramablick auf Julische und Karnische Alpen. Die „höchstgelegene Kirche in Europa" dürfte man ihnen, wie auf den Prospekten, nicht versprechen - die steht in Südtirol unter der Kassianspitze (Tour 4).

Wir waren von Villach ins Bleiberger Tal gefahren und nahmen den Alpenlahnersteig zum Dobratsch. Leider war die „Deutsche Kirche" abgeschlossen, ebenso die „Windische" unmittelbar unterm Gipfelkreuz. Unter ihr, verwegen an den Felsabsturz geklebt, gespenstische Ruinen. Selbst Wallfahrtsbüchern ist nicht zu entnehmen, was sie bedeuten. Vielleicht ein Almhaus, das bei den Tieffliegerangriffen 1944 zerstört wurde? Auch keine Hinweise auf Gottesdienste - es schien, als sei der Berg rettungslos unter touristische Regie geraten. Erst beim Abstieg wurden wir in der Knappenhütte (1661 m) an seine fromme Vergangenheit erinnert. In der Gaststube saßen mit Kind und Kegel die Männer vom Bleiberger Gesangsverein und hielten nach ihrem jährlichen Dobratsch-Ausflug feuchtfröhliche Rast. Aus voller Kehle sangen sie Bergmannslieder, wie sie von Knappenchören überall in deutschsprachigen Landen vorgetragen werden. Der Vermessungssteiger Reinhold Krieber erzählte, daß sie fast alle im Antoni-Schacht arbeiteten und in 750 m Tiefe pro Jahr an die 400 Tonnen Bleizink förderten. Im Bochumer Bergbaumuseum hätte er einen Steigbaum aus Bleiberg gesehen, das habe ihn richtig stolz gemacht. Und daß er bei der Wallfahrt immer dabei sei und während der Messe jedesmal denke: So muß es bei der Bergpredigt gewesen sein.

Ausgangspunkt: Villach an der Drau (Dobratsch/Kärnten), Parkplätze am Ende der Villacher Alpenstraße (Maut). **Gehzeiten:** zur Kirche 2 Std.; Güterweg (Variante: Aus Bad Bleiberg über Alpenlahnersteig 3 ½ Std., Wegweiser und Punkte). **Wallfahrten:** 25.7. (Jakobustag), 15.8. (Maria Himmelfahrt) mit Kirchtag.

Dicht unterm Gipfel: die „Windische Kirche".

22

Kreuzkapelle Sinnesbrunn (1520 m)

Eine Handgranate tötete das Mädchen nach Kriegsende

Die Bildstock-Kapelle unter der Heiterwand.

Mehr zufällige Beobachtungen gaben diesem Spaziergang durch parkähnlichen Wald mit altem Lärchen-, Fichten- und Zirbenbestand seinen besonderen Rang. Zunächst das alte „Kappakreuz" in unmittelbarer Nähe des Gasthauses „Waldrast", dessen Jesusfigur der Künstler recht ungewöhnlich mit angewinkelten Beinen schnitzte. Dann der Kreuzweg mit den durch moderne Bronzereliefs ergänzten Leidensstationen bis zur eigentlichen Bildstock-Kapelle. Und schließlich das Marterl für Julie Tiefenbrunner, das uns erst auf dem Rückweg auffiel: das Mädchen verunglückte hier „in der Blüte ihres Lebens im Alter von 15 Jahren tödlich durch eine Handgranate am 15. 5. 1945". Das Exvoto ist Teil eines Kruzifixes am Wegrand und weckt in den älteren Generationen Erinnerungen an schlimme Jahre. Vom „Waldrast"-Wirt hörten wir, daß Buswallfahrten ohne festen Termin von weither kommen und die Pilgergruppen von der Gaststätte aus den schlichten Bildstock aufsuchen, dessen Legende als „Liebe Frauenkapelle" ins 17. Jahrhundert weist.

Ausgangspunkt: Tarrenz am Fernpaß (Lechtaler Alpen/ Tirol), parken in Obtarrenz (PKW erlaubt bis Kapelle).
Gehzeiten: Forstweg bis Waldrast, dann Kreuzweg, ¾ Std. (Ab Wander-Parkplatz 3 Std. markiert zur Heiterwandhütte, 2020 m). **Wallfahrten:** Ganzjährig, selten zu Fuß.

23

Ahrner Kreuzgang/Ehrenburg (806 m)

Göttlicher Zorn wegen Rauferei und sittlichen Unfugs

Das Ahrntal mit dem Heiliggeist-Kirchlein von Kasern.

Im Heiliggeist-Kirchlein von Kasern, unter Krimmler Tauern und Birnlücke, hatten die Prettauer tagsüber an Christi Himmelfahrt ihr Vortragekreuz abgeholt – dieses Kreuz, das nach der Legende ein Trunkenbold einst dreimal mit seinem Gewehr anschoß und dafür auf elende Weise umkam. Um Mitternacht auf Freitag zu gingen sie, nach Gebeten in ihrem Gotteshaus, mit dem angeschossenen Christus, der Fahne und ihrem Pfarrer an der Spitze los: von Prettau durch das endlos lange Ahrntal und das Tauferer Tal, vorbei an der Burg von Sand. Gelegentlich, wenn sie ein Regenguß überraschte, wurden ihre Joppen naß. Aber noch weit vor Bruneck, nach Sonnenaufgang und den ersten wärmenden Strahlen, waren sie schon wieder trocken. In St. Lorenzen hielten sie, spät am Mittag, zur großen Rast an. Da hatten die Bauern aus dem Ahrntal den größten Teil des 60 Kilometer langen Bittganges zur „Kornmutter" von Ehrenburg zurückgelegt. Wie ihre Väter und Vorväter nahmen sie diesen mühsamen Weg „zur Erlangung des Segens für die Früchte des Feldes" auf sich: nur Männer, die älter als 15 Jahre sind, so schreibt es das Gelübde vor. Dort, am Kreuzungspunkt ins Gadertal, trafen wir sie.

Unter ihnen Franz Obermaier, Obmann der Almbauern, den wir gut kannten. Drei Jahre zuvor hatten wir seine Leute beim Viehtrieb über den Krimmler Tauern zu ihren Almen auf österreichischer Seite begleitet. Als wir ihn fragten, ob wir uns ihnen auf dem letzten Stück über den Runggener Weg anschließen dürften, nickte er gutmütig und erzählte: „Diesmal sind wir über hundert und zwischendurch schon ein paarmal naß geworden..." Noch vor 16 Uhr setzte sich der Pilgerzug wieder in Bewegung.

Aus dem Dreißigjährigen Krieg stammt die Kreuzigungsgruppe mit dem blutüberströmten Christus.

Der Kreuzgang der Ahrner Bauern gehört zu jenen Wallfahrten, die noch tiefe Frömmigkeit auszeichnet und Sache der einheimischen Bevölkerung geblieben sind. Ihr Ziel ist die „Kornmutter von Ehrenburg", eine kleine, von goldenen Ähren im Barockrahmen umschlossene Pietà hinter Glas in der Gruftkapelle auf dem Kirchberg des Dorfes, dessen zweite Kirche Ende des 17. Jahrhunderts als Barockbau entstand. Das Gnadenbild ist im Gewölbebogen der Gruft aufgestellt, davor brennen unzählige Opferlichter, deren Flackern sich im Goldkranz der Pietà widerspiegelt. Links davon das Gemälde der „Jungfrau im Ährenkleid", rechts eine prächtige „Schmerzensmutter."

Alle drei Mariendarstellungen stammen aus dem 14. Jahrhundert. Daß aus dieser stimmungsvollen Kapelle ausgerechnet an einem Herz-Jesu-Tag sowohl die „Kornmutter" als auch die kunstvoll geschmückte „Schmerzensmutter" gestohlen wurden, erregte 1975 die Gemüter nicht nur der Gläubigen in Südtirol. Ein Rätsel, daß sie verschwunden blieben. Man ist versucht, den Dieben alttestamentarisch den Bannstrahl zu wünschen. Was nun verehrt wird, sind gute Kopien.

Wenn der Ehrenburger Schloßchronik zu trauen ist, soll hier in der Heidengruft um 472 ein Marienbild versteckt worden sein, gewissermaßen in Nachfolge eines Tempels

Das Vortragekreuz: Drei Einschüsse in der Brust.

der römischen Göttin Ceres. Schon möglich - sind die Römer doch überall noch gegenwärtig und häufig auch da, wo Jahrhunderte nach ihnen christliche Heiligtümer zu Wallfahrtsorten wurden. Seit 1370 lassen sich Wallfahrten aus dem Pustertal zu einer Marienkapelle in Ehrenburg nachweisen. Wie aber kam es zum Gelöbnis der Ahrntaler, und warum dürfen nur Männer teilnehmen? Der Grund ist menschlich, nur allzu menschlich. Den Bittgängern aus Prettau, und sicher auch den anderen aus dem Pustertal, geriet um die Zeit des Dreißigjährigen Krieges die Wallfahrt außer Kontrolle. So kam es, daß den Kirchenoberen „allerlei sittliche Mißstände, Unmäßigkeit und Rauferei" Anlaß gaben, die Wallfahrt zu verbieten. Erst nach einem Gesuch der Ahrntaler anno 1680 an den Fürstbischof Paulinus „zur Abwendung des göttlichen Zorns" erlaubte man den Kreuzgang, „falls nur Hausväter und Hausmütter und solche, von denen man kein Ärgernis zu befürchten habe", teilnähmen.

Die Ahrntaler Männer gelobten mehr, als man von ihnen verlangte: sie ließen das andere Geschlecht daheim und versagten sich jede Versuchung. Seither wandern sie „solo", ohne Einschränkung und Verbote jedoch erst seit 1854, durch das Tauferer Tal zur „Kornmutter". Ihre Frauen reisen mit dem Bus an und erwarten den Männerzug zum gemeinsamen Gebet auf dem Ehrenburger Kirchberg. Dann fahren sie wieder nach Hause, ohne ihre Männer. Die haben im Ort angestammte Schlafplätze. Schon morgens um vier Uhr versammeln sie sich zum Gottesdienst, dann erst treten sie über Kiens, Pfalzen und St. Georgen den langen Rückmarsch an.

Das ist die Vorgeschichte der Ahrntaler Männerwallfahrt, die viel mit der Männerwallfahrt aus dem Gadertal nach Kloster Säben gemein hat. Wir kommen darauf später zurück.

An diesem Tag, Ende Mai, standen die Wiesen am Kienberg in voller Blüte, ab und zu ließ sich die Sonne sehen. Am Waldrand vor Ehrenburg rasteten die Ahrntaler zum letzten Mal. Wir verließen sie und gingen voraus, um ihren Einzug mitzuerleben. Vor der Kirche warteten schon die Frauen, fast jede opferte den Gnadenbildern in der Gruftkapelle. Dann hörte man den Zug kommen: zunächst nur einen merkwürdigen, melodischen Dauerton, der jedoch immer lauter und eindringlicher wurde. Dann zogen die Männer, im Gleichklang eines schwermütigen Wechselgesanges, schweren Schrittes langsam an uns vorbei: „Gepriesen sei der Herr, denn seine Gnade und Barmherzigkeit sind großartig..." Etwas Ähnliches haben wir in dieser Intensität nirgendwo anders erlebt. Die Monotonie des mehrstimmigen Gesanges ging unter die Haut. Aber Busse haben auch hier die Mühsal des Pilgerns abgelöst. Nur die Ahrner blieben ihrem Gelübde treu.

Ausgangspunkt: St. Lorenzen (Pustertal/Südtirol), Parkplatz im Ort. **Gehzeiten:** ca. 1½ Std.; mit den Wallfahrern, nach ihrer Mittagsrast, durch Wiesen und Wald nach Ehrenburg. **Ahrner Kreuzgang:** Jährlich Christi Himmelfahrt auf Freitag; regional ganzjährig. 15.8. Patrozinium, 9.00 Hauptgottesdienst mit Prozession.

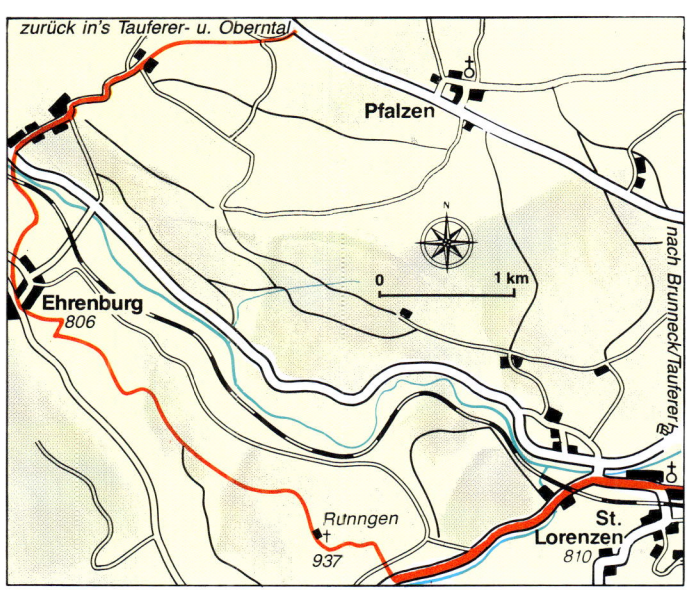

Klein und hinter Glas: Die „Kornmutter" (14. Jh.)

Felsenkapelle im Gschlöß (1695 m)

24

Auf den Spuren der alten Säumer im Tauerntal

Felsenkapelle: In die Weiße Wand hineingebaut.

Diesseits und jenseits des Felbertauern (2481 m), von Matrei in Osttirol bis Mittersill im Pinzgau, weiß man von dramatischen Unfällen bei Wetterstürzen auf dem Tauern und von mittelalterlichen Säumerzügen mit Konterbande. Auch der 200 Jahre währende Kampf um die Straße über den Paß, der erst mit der Einweihung des Felbertauerntunnels 1967 sein Ende fand, ist nicht vergessen. Unzähliger Wallfahrten erinnert man sich. Die weitesten kamen über das Berger- und Matreier Törl von Heiligenblut sowie von Untertilliach im Lesachtal zur gotischen Marienkirche nach Obermauern im Virgental. Oder zur frühromanischen St.-Nikolaus-Kirche bei Matrei, die zu Recht als „besonderes Juwel unter den vielen Sakralbauten in den Ostalpen" bezeichnet wird.

Dagegen nimmt sich die Felsenkapelle am Schluß des Tauerntales im „Gschlöß" bescheiden aus. Man verlieh ihr jedoch das Prädikat, „die merkwürdigste Kapelle des Osttirolerlandes" zu sein, direkt unter dem schwierigen Tauern und unmittelbar vor den Gletschern des Groß-

Der historische Talwanderweg führt, vorbei an der Schildalpe, stundenlang am Tauernbach entlang.

venedigers. Sie ist, mit Glockentürmchen, tief in eine Wölbung der Weißen Wand hineingebaut worden und beim Vorbeiwandern leicht zu übersehen.

Im Archiv der Matreier Pfarre kann man lesen, daß die Hirten der Gschlößalmen vor mehr als 300 Jahren in Salzburg um den Bau einer Andachtstätte „zu Ehren der Himmelskönigin Maria" einkamen. Auch, daß es schon vor der Genehmigung „Mirakel" und Kirchfahrten aus dem Pinzgau und „von allhier" gab und daß die Kapelle zweimal von Lawinen zermalmt wurde. Der heutige Bau stammt von 1870. Um diese Zeit kamen die Alpinisten ins Tal, mit ihnen der Tourismus. Er drückte der Landschaft seinen Stempel auf und veränderte die Menschen. Wir hatten uns vorgenommen, den „Geschichtlichen Tauerntalwanderweg" der alten Viehtreiber und Säumer auszuprobieren. Er beginnt hinter Matrei an der Proseggklamm und führt stundenlang auf bequemen Wegen am Tauernbach entlang, über den beim Dörfchen Gruben die dicken Rohre der Transalpinen Ölleitung gelegt wurden. Das Matreier Tauernhaus, noch vor der Felsenkapelle, hat einst Paßgeher über den Felber aufgenommen. Endpunkt der markierten Route ist das Gasthaus Venedigerblick, wo man den Panoramablick bei Speis und Trank genießen kann.

Ausgangspunkt: Matrei am Felber Tauern (Venedigergruppe/Osttirol), parken vor der Proseggklamm (auch mit PKW bis Tauernhaus). **Gehzeiten:** ca. 6 bis 7 Std. (ab Tauernhaus 1 Std.); Hinweise „Tauerntalwanderweg". Gottesdienst: 8.9. Patrozinium (Mariä Geburt).

Welsberger Kreuzgang (1737 m)

25

Moderne Pestwächter am Furkelpaß

Welsberg vor der Kulisse der Pragser Dolomiten.

Der Pfarrer von Enneberg war verärgert, als er uns zwischen den Kirchenbänken agierend entdeckte. Mißtrauisch beobachtete er, wie wir versuchten, seine vier Jahrhundert-Votivbilder zu fotografieren. Zwei hingen, hoch über dem Gestühl, an der dunklen, die beiden anderen gegenüber an der helleren Kirchenwand. Nirgendwo anders gibt es so etwas wie sie. Die Welsberger aus dem Pustertal brachten sie als Teil eines Gelöbnisses in den Jahren 1636, 1738, 1838 und 1936 in die Pfarrkirche, die ursprünglich als Mutterkirche alle Gemeinden des ladinischen Gadertales betreute. Ihr erster Priester hieß Marquardus und lebte von 1214 bis 1260. Was sonst noch in der Enneberger Kirche „Zur seligsten Jungfrau Maria" (so ein Chronist) geschah, hat Pfarrer Markus Graffonara mit Daten und Fakten aus dem Handgelenk parat. Wie auch anders, amtiert er (Jahrgang 1922) doch seit einem Vierteljahrhundert auf dem Berg an der Furkelstraße.

Nun, nachdem wir ins Erzählen gekommen waren, brach endgültig das Eis. Wir setzten uns vor der Kirche in die

Enneberg mit Blick auf die Sextener Dolomiten: deutsch-ladinische Sprachgrenze im Gadertal.

Sonne und erfuhren vom Welsberger Kreuzgang, der seit über 300 Jahren hier endet, mehr als in Büchern steht. (Und darüber hinaus von der Männerwallfahrt nach Kloster Säben; aber davon später.) An Jahren kann die jährliche Prozession aus dem Pustertal kaum mit anderen, noch älteren Kirchfahrten konkurrieren, doch ist sie unbestritten die berühmteste Pestwallfahrt in Südtirol.
Wir hatten, bis zur Kirche von Hochwürden Graffonara in Enneberg, den überlieferten Wegverlauf eingehalten und uns zunächst einmal Welsberg angesehen. „Seehöhe 1087 m, 4656 ha Gemeindegrund, 2295 Einwohner, davon 186 Italiener, prähistorische und römische Funde, ‚Welsberg' seit 1173, von der Pest heimgesucht 1636, seitdem jährliche Prozession nach Enneberg..." - so lautet die Einleitung eines Pustertalers Führers zur Geschichte des Ortes vor der faszinierenden Kulisse der Pragser und Sextener Dolomiten. Für den ersten Teil der Strecke nahmen wir den Wagen. Noch nicht lange ist die wenig fre-

quentierte Verbindung zwischen Ried und Oberolang befahrbar, ebenso der Furkelsattel (1737 m) ab Gassl unter dem Skizirkus am Kronplatz. Das irritierte, denn auf unseren Wanderkarten war die eine wie die andere noch als schlichter Fahrweg eingetragen.

Auch die drei Olangs (Ober-, Nieder- und Mitterolang) haben keinen Mangel an Geschichte, von den Römern bis zu den Südtiroler Freiheitskämpfen, wovon ein Denkmal und der Tharer Bildstock für Peter Sigmayr zeugen. Der Olanger wurde am 10. Januar 1810 anstelle seines blinden Vaters erschossen. Sechs Hundertschaften Franzosen sicherten die spektakuläre Exekution. Hinterher hängte man den toten „Tharerwirt" zur Abschreckung zwei Tage lang in der Nähe des Bildstocks an ein Wegkreuz...

Unser Interesse galt diesmal jedoch dem „schönsten und eigenwilligsten" Peststock Südtirols. Er ist hinter dem Ort an der Furkelstraße nicht zu übersehen. Die Gemeinde hat um ihn herum einen schönen Rastplatz angelegt, nicht zuletzt, weil die Wallfahrer hier zur Andacht halten.

Ein spitzes Schindeldach beschirmt die mächtige Säule, die auf allen vier Seiten mit Fresken geschmückt ist. Den unteren konnte das Wetter schaden, aber wo die bemalten Stürzen der Haube Schutz boten, haben sich die von Ornamenten eingefaßten Heiligendarstellungen erstaunlich gut gehalten. Die Malereien sollen aus dem Jahr 1460 stammen, lange bevor Welsberg und Olang 1636 von der Pest heimgesucht wurden. In Olang hatte sie 100 Jahre früher schon einmal gewütet. Bleibt nur der Schluß, daß die alarmierten Pustertaler den Bildstock errichteten, als die Seuche Mitte des 15. Jahrhunderts verheerend in Europa einfiel.

Bei Gassl verließen wir die Paßstraße am Wegweiser nach Bergfall (1320 m) und folgten dem holprigen Fahrweg am Furkelbach entlang, direkt auf die zackige Felsgruppe der Pragser (oder auch „Olanger") Dolomiten zu. Hier ließen wir, wieder auf historischem Boden und auf der Wallfahrtsroute, den Wagen stehen. Von der Chefin des Hotels Bad Bergfall hörten wir, daß etwas oberhalb im Römer-

Pfarrer Graffonara war zunächst mißtrauisch, doch später

bad um die Zeitenwende, nachgewiesen durch Münzenfunde, die römischen Besatzer in Schwefelquellen Heilung von ihren Leiden suchten. Und daß in einem Badhaus noch bis vor kurzem Schwefel- und Eisenquellen benutzt wurden. Auf die Frage nach den Wallfahrern erklärte sie: „Die gehen da drüben auf dem Wiesenhang lang und oben ein Stück über die Furkelstraße, bis der Weg in den Wald abzweigt, direkt bis zur Paßhöhe..."

Die Einheimischen nennen die Straße „Furggl". Dort waren im Mittelalter Pestwächter aus Enneberg postiert, die aus Angst vor der Seuche die Welsberger nicht passieren lassen sollten. Doch die Wallfahrer schlichen sich trotz-

zugänglich.

In jedem Jahrhundert stifteten die Welsberger ein großes Votivbild, zuletzt 1936 (Ausschnitt).

dem vorbei. Eine Legende? Wie auch immer, man hält sich daran und spielt, nach 300 Jahren, die Szene nach: junge Burschen lagern um ein offenes Feuer und stellen sich schlafend – noch ist es stockdunkel –, wenn der Zug den Paß erreicht.

Heute liegen hier, wo einst die pflichtvergessenen Wächter schliefen, Autotouristen in modernen Campingsesseln und sonnen sich. Weiter unterhalb gruppieren sich um das ganzjährig bewirtschaftete alte Furkelhaus (Rif. Furcia, 1737 m) die Attribute des Skitourismus: Talstationen der Seilbahnen und Lifte bis zum Kronplatz, Gasthäuser und Parkplätze. Und wenn den Investoren nicht das Geld ausgegangen ist, so dürfte nach den Plänen von 1989 bald ab St. Vigil eine Zwölfer-Kabinenbahn zum Furkelpaß schweben.

Wir hielten uns an den Pilgerweg und wanderten auf der Asphaltstraße bis zu den Häusern von Costamesana. Dort hat man den ersten und wahrscheinlich schönsten Blick auf den Sonnenhang mit Enneberg (1284 m). Rechter Hand in einer Kurve folgten wir dann der Wagenspur durch hügelige Wiesen bis zum Pfarrbach und spazierten hinab ins Dorf, wo Markus Graffonara uns in seiner Kirche überrascht hatte. Nun saßen wir friedlich beisammen und hörten konzentriert dem Enneberger Pfarrer zu.

Nur jedes dritte Jahr ziehen die Gadertaler Männer durchs Villnößtal vor den Geislerspitzen.

Da gab es, zum Beispiel, das „Mädchen von Spinges": Die Magd Katharina Lanz aus der Gemeinde Enneberg erwarb sich Unsterblichkeit in Spinges über der Franzensfeste anno 1779 im Freiheitskampf gegen die Franzosen. Mitten im Schlachtgetümmel stand sie „mit zusammengegürtetem Unterkleide und fliegenden Haaren" ihren Mann, eine Heugabel als Waffe in der Hand. Sie wurde im reifen Alter von 83 Jahren mit militärischen Ehren zu Grabe getragen. Die Geschichte der Enneberger Kirche ist nicht weniger aufregend: Die erste mit dem Priester Marquardus verschwand unter einer Mure, die jetzige stammt aus dem 15. Jahrhundert.

Nach all dem legte der Pfarrer eine Pause ein. Wir blinzelten in die Sonne, aber offensichtlich wollte Markus Graffonara noch etwas loswerden. Schließlich fragte er, nicht ohne Hintersinn: „Was wissen Sie über die Ladiner?" Wir kramten unsere bescheidenen Kenntnisse hervor, etwa daß ihre Sprache mit vielen Dialekten aus dem Rätoromanischen stammt und immer mehr verschwindet, oder daß die Dolomiten-Ladiner der Provinz Bozen im Gader- und Grödental ihrer Kultur und Sprache treu bleiben konnten, während die Fassaner der Provinz Trentino von der Regierungsseite keine Förderung erfahren. „Gut", sagte er, „und was wissen Sie über die Männerwallfahrt nach Kloster Säben?"

„Daß sie nur alle drei Jahre stattfindet und drei Tage dauert".

„Das ist schon allerlei", meinte er zufrieden, „aber daß ich seit meinem Amtsantritt diesen wichtigen ladinischen Pilgerzug anführe, wissen Sie sicher nicht?" Nein, das wußten wir nicht. Aber darüber hätten wir gern mehr erfahren.

Pfarrer Graffonara ließ sich nicht lange bitten. Früher sei dies - etwa seit 1350 - eine reine Glaubensfahrt zum alten

Bischofssitz auf dem Klausener Felsen über dem Eisacktal gewesen, aber seit Heuschreckenplagen und Unwetter das Land in Not stürzten, sei die verstörte Bevölkerung zur Muttergottes nach Säben gepilgert, um ihre Hilfe zu erbitten. An dem Ritual habe sich seither nichts geändert. „Nur ältere Leute fahren am zweiten Tag mit dem Bus zurück", fügte er wie entschuldigend hinzu. Und so liefe das Ereignis ab, das nächste Mal am 30. Juni 1991 und dann wieder 1994: Abmarsch um sieben Uhr früh, Treffpunkt aller Gadertaler Abordnungen vier Stunden später in Untermoi. Am Würzjoch Ankunft um zwölf Uhr, sechs Stunden später im Villnößtal, dann von St. Magdalena nach St. Peter zum Übernachten. Anderntags um fünf Uhr Abmarsch zum Gottesdienst um neun Uhr in Säben, wo die Benediktinerinnen des Klosters an alle Pilger Anstecksträußchen verteilten. Übernachtung wieder in St. Peter und am dritten Tag heimwärts ins Gadertal.

In Enneberg hörten wir also, daß die Männerwallfahrt traditionell am Tag des Antonius von Padua (30. Juni) beginnt. Ganz anders in Villnöß. Dort erzählte man uns, wegen der unsicheren Schneelage (das Würzjoch liegt 2006 m hoch) würde der Abmarsch immer an einem Donnerstag im Juni kurzfristig festgelegt, und daß einige Gruppen auch von Campill über die Schlüterhütte (2064 m) kämen. Hier im Tal stünde alles kopf vor Freude, wenn die 700 bis 800 Ladiner einträfen, man hielte für sie sogar zwei Pferde bereit, eines für den Pfarrer, das andere für fußkranke Pilger.

Für Markus Graffonara gab es kurz vor dem nächsten Gang nach Säben eine Überraschung. Rechtzeitig erschien in Ladinisch und Deutsch ein Buch zum Thema: „La prozesciun ladina de Jenn".

Ausgangspunkt: Olang bei Welsberg (Pustertal/Südtirol), parken in Bad Bergfall an der Furkelstraße. **Gehzeiten:** ca. 3 Std.; Weg Nr. 3 und Punkte. **Wallfahrten:** Aus Welsberg zwischen 20.5. und 10.6. (je nach Schneelage); aus Olang Samstag nach Pfingsten.

Kloster Säben: Jahrhundertelang Bischofssitz.

26

Mariahilf in Hollbruck (1360 m)

Totgeborene Babies wurden zum Leben erweckt

Weniger rätselhaft als die Entstehung der von Ringmauern umgebenen mächtigen Burg Heinfels im Hochpustertal bei Panzendorf sind die Anfänge der Wallfahrt in Hollbruck. Während hier nachweisbar ein Georg Egger von Panzendorf Mitte des 17. Jahrhunderts als „Dank für die Erweckung seines totgeborenen Kindes" eine Kapelle bauen ließ, verlegen Sagen die Urburg ins fünfte Jahrhundert, Urkunden datieren sie ab 1243.

Die Bittgänge zu „Mariahilf" nahmen solche Ausmaße an, daß bald darauf anstelle der Kapelle die große Kirche geweiht werden konnte. Ihr Herzstück ist eine winzige, goldgefaßte Marienfigur am Hochaltar. Nebenan im Wallfahrts-Gasthaus Schöne Aussicht zeigt man gern eine Chronik mit dem Gedicht von Pater Ottokar Kohlmaier OSB zur Legende des Gnadenbildes: „Wanderte vor vielen Jahrzehnten / einst ein Weiblein durch das Land / Trug ein Körbchen in den Händen / Imbißbrot sich drin befand / Wollte sie zur Stärkung nehmen / aus dem Korb ein Stücklein Brot / Da beginnt die Hand zu lähmen / das Gesicht wird bleich und rot / Sieht im Weidenkörblein liegen / ein zart Liebfrauenbild ...", so beginnt es und endet nach 26 Strophen – wieder ein Zeichen tiefer Gläubigkeit, die uns im Verlauf unserer Wanderungen so oft begegnete. Einige Votivtafeln in der Kirche bestätigen, daß Babies zum Leben erweckt wurden, was in Anbetracht damaliger Medizinkünste, hoher Säuglingssterblichkeit und mangelnder Hygiene von Fall zu Fall durchaus glaubhaft erscheint.

Hollbruck ist schon lange durch eine gute Straße mit Kartitsch und dem Tal verbunden. Trotzdem behielt der Ort seinen dörflichen Charakter. Die Aussicht reicht von Burg Heinfels nach Osten weit in das Hochpustertal hinein, wir zählten bei mäßiger Fernsicht acht Kirchen. Hier an den Ausläufern der Karnischen Alpen kommen stramme und gemäßigte Berggeher auf ihre Kosten. Der „Innerkofler-Höhenweg" führt markiert auf die Hollbrucker Spitze (2581 m) und soll an den Kriegshelden der Drei Zinnen im Ersten Weltkrieg erinnern – die Sextener Dolomiten sind nahe!

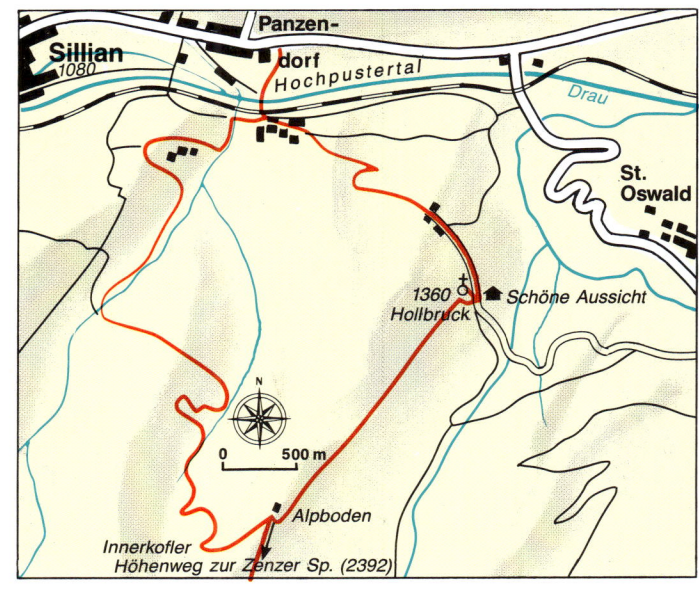

82

Andächtig betet eine Ordensschwester in der Mariahilfkirche von Hollbruck vor dem Hochaltar.

Die Wallfahrt über den Kreuzweg von Panzendorf blieb lebendig. Großen Zulauf hat jedes Jahr die Dekanatswallfahrt im Juni, die meist von Bischof Reinhold Stecher angeführt wird, mit an die 2000 Teilnehmern aus den Gemeinden rund um Sillian.

Ausgangspunkt: Panzendorf an der Drau (Hochpustertal/Tirol), parken im Ort (auch mit PKW Richtung St. Oswald bis Kirche). **Gehzeiten:** ca. 2 Std.; Kreuzweg. **Wallfahrten:** Jeden 13. von Mai bis Oktober. Dekanats-Kreuzgang 1. oder 2. Juniwochenende, je nach Wetter.

27
Heimat für freie Bauern auf freier Scholle

Damülser Walserkirche (1428 m)

Blick zurück von Damüls auf das Zafernhorn über dem

Als wir vor vielen Jahren von Italien über den Theodulpaß (3290 m) in den Kanton Wallis nach Zermatt wanderten, wußten wir wenig vom Zug der Schweizer Walser. Erst später, seit in Macugnaga und Gressoney, jenseits der Schweizer Landesgrenze, am Monte Rosa gebrochenes Deutsch zu hören war, beschäftigte uns die alpine Völkerwanderung des zähen Bauernstammes, deren Spuren die Zeiten überdauerte. Orts- und Flurnamen erinnern an die Siedler bis Vorarlberg und Mittelberg im Allgäu; der „Große Walserweg" ist als 850 km lange internationale Wanderroute erschlossen und zum touristischen Dauerbrenner geworden.

Nun standen wir in Damüls am Faschinajoch (1480 m) vor der Statue des Patrons der Walser, St. Theodul, der nach der Legende den Teufel gezwungen haben soll, ihm eine Glocke über die Alpenpässe bis zu seinem Bischofssitz in Sitten (Sion) nachzutragen. Deshalb setzte man ihm in allen Darstellungen den gebannten Teufel in Demutshaltung zu Füßen, auch hier. Angeblich brachten Siedler die Figur aus dem 14. Jahrhundert nach Damüls. Sie steht nun auf dem rechten Seitenaltar der dritten Kirche der Walser. Ihre erste bauten sie Mitte des 13. Jahrhunderts, doch sie brannte ebenso ab wie die zweite. Die jetzige entstand 1448. Erst vor ein paar Jahrzehnten entdeckte man unter Putz tafelartige Fresken aus jener Zeit. Sie füllen komplett die beiden Längswände der Kirche und die Mittelwand mit dem großen Rundbogen zum Altarraum. Im kleinen Kunstführer der Kirche ist zu lesen, daß beim

Faschinajoch und die neue Galeriestraße (rechts).

Betreten des Innenraumes ein „bannender Eindruck" entsteht. Das entspricht genau der Stimmung beim Betrachten der Malereien. Die dunkle Gnadenbildkopie der „Blutenden Madonna Maria von Re" (aus der Gegend des Simplonpasses), ein Pestaltar und der mit Schwären übersäte geschnitzte „Pest-Christus" (alle um 1630) erinnern daran, daß Damüls lange Zeit Wallfahrtsort war.

Was weiß man von den Damülser Walsern? Daß die ersten acht Familien von Feldkirch über den nahen Furkapaß (1761 m) kamen, gilt als sicher. Ebenso, daß sie auch hier willkommen waren, weil sich die Siedler bevorzugt in extremen Höhenlagen niederließen. Erst nach der Urbarmachung wurden sie als „freie Bauern auf freier Scholle" mit dem Land belehnt.

Damüls heute? Ein fruchtbares, ausgedehntes Hochtal schon im Bregenzer Wald, umgeben von Bergspitzen mit Namen wie Sünser Spitze, Hübscher Bühl, Ragazerblanken, Hohes Licht und Mittagsspitze, alle nur wenig über 2000 m Seehöhe, ideal zum behaglichen Wandern. Wirtschaftliches Rückgrat des Ortes sind die Wintersporteinrichtungen - zahlreiche Sesselbahnen und Schlepplifte -, besonders seit die 1985 fertiggestellte Galeriestraße vom Faschinajoch nach Damüls, in Fortsetzung der im letzten Krieg von Gefangenen gebauten Straße aus dem Großen Walsertal, befahren werden kann. Davor gab es nur den Walserweg, der jetzt am Hotel Adler beginnt.

850 km an einem Stück sind ziemlich lang, deshalb beschränken wir uns weise auf die Etappe von Buchboden (910 m) nach Damüls. Das Dörfchen Buchboden ist um die Wallfahrtskirche zu „Unserer lieben Frau" gruppiert und hat sich am felsumkränzten Schluß des Großen Walsertales den Charme der Jahrhundertwende bewahrt. „Du Zuflucht inmitten der Stürme - o Maria hilf!" hat eine fleißige Hand in das Altartuch gestickt. Wohl wahr! Denn hier, wo Raubwild Ziegen und Schafe aus den Herden riß, war himmlischer Beistand gefragt, auch von den unerschrockenen Walsern, die sich abseits des großen Trecks niederließen.

Der Walserweg ist ab Buchboden als solcher gekennzeichnet und führt an den Orten Sonntag und Fontanella vorbei. Nur einmal, an der Säge, wird die Straße zur Faschina gekreuzt. Auch hier, wo Anfang der dreißiger Jahre das erste „Schihotel" des Großen Walsertales entstand, ist der Skitourismus mit Aufstiegshilfen etabliert. Daß es auf diesem Übergang einst weniger menschenfreundlich zuging, beweist die wetterumtoste Annakapelle. Josef Hartmann aus Fontanella ließ sie um 1700 bauen. Ein Gelöbnis:

nach seinen Gebeten hatte sich der dichte Nebel wie durch ein Wunder aufgelöst. Hartmann war Walser, ein studierter Mann dazu und brachte es bis zum Bürgermeister von Wien. Als er auf dem Faschinajoch in Schwierigkeiten geriet, führte nur ein Knüppeldamm (Faschinen) über den morastigen Boden. Beim Bau der eleganten Galeriestraße mußte eine starke Torfschicht ausgehoben werden.

Wie gut es u n s doch geht! Die Walser verließen ihre Heimat, weil wegen des Erbrechts für nur ein Kind der großen Familien das Land knapp wurde. Wir dagegen wandern aus purer Lust auf ihren alten Trekkerwegen.

Ausgangspunkt: Buchboden (Großes Walsertal/Vorarlberg), parken vor dem Ort an der Lutzbrücke (auch mit PKW bis Damüls). **Gehzeiten:** ca. 5 Std.; „Walserweg" über Sonntag, Bei der Säge, Faschina und Weg Nr. 3. Gottesdienst mit Kirchweih 15. 8. = Patrozinium (Mariä Himmelfahrt).

Die Theodul-Statue mit angekettetem Teufel (links unten).

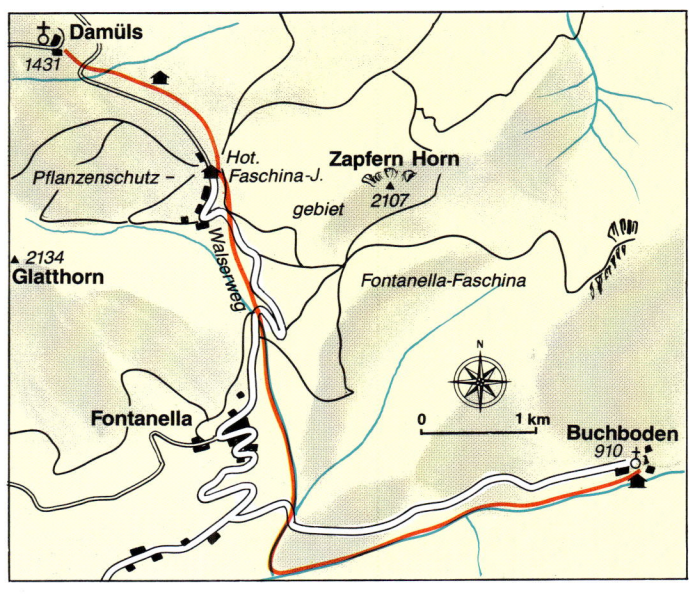

St. Oswald am Iffinger (2302 m)

28

Wanderung von der alten Welt in eine neue

Die St.-Oswald-Kapelle: Hoch über Meran 2000.

Heilige sind keine Märchenfiguren, die meisten hatten ein mehr oder weniger normales Erdenleben und taten sich durch christlichen Eifer oder Heldentum hervor. König Oswald, ein Brite, fiel 642 im Verlauf der Christianisierung der Insel auf dem Schlachtfeld. Die ihm gewidmete Kapelle wurde erstmals 1497 erwähnt; die heutige stammt von 1879 und steht unbeachtet auf einem kleinen Wiesenflecken hoch über dem Rummel von „Meran 2000". Um diesem zu entgehen, starteten wir im Penser Tal, wanderten anfangs durch Erosionsgebiet und über Felsbrocken am Sagbach, die eindrucksvoll die Gewalt der Natur demonstrieren, dann durch Krummholz zum Missensteiner Joch (2128 m). Dahinter die „Segnungen" des Jahres 2000, und auf der Höhe, kaum beachtet, die Oswald-Kapelle.

Ausgangspunkt: Aberstückl an der Penser Jochstraße (Sarntaler Alpen/Südtirol), parken am Windlahner. **Gehzeiten:** 3 ½ Std.; Weg Nr. 13 und 3. **Wallfahrten:** 5.8. aus Hafling und Schenna.

Erst beim zweiten Mal sahen wir, wie schön es hier ist: Blick von Raschötz über das Grödner Tal hinweg auf Seiser Alm,

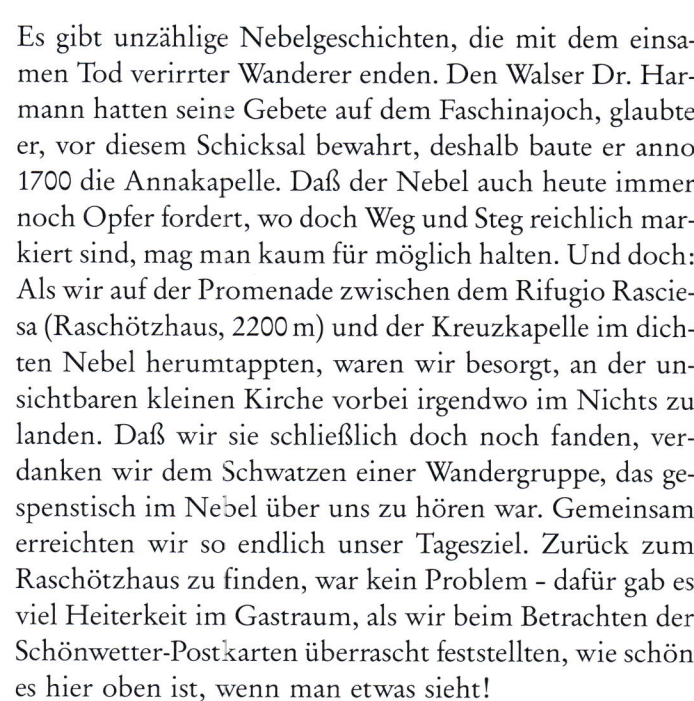

Langkofel und Sellastock (unten rechts St. Ulrich).

29

Kreuzkapelle auf der Raschötz (2199 m)

Ein Pferd lag verhungert vor dem Altar

Es gibt unzählige Nebelgeschichten, die mit dem einsamen Tod verirrter Wanderer enden. Den Walser Dr. Harmann hatten seine Gebete auf dem Faschinajoch, glaubte er, vor diesem Schicksal bewahrt, deshalb baute er anno 1700 die Annakapelle. Daß der Nebel auch heute immer noch Opfer fordert, wo doch Weg und Steg reichlich markiert sind, mag man kaum für möglich halten. Und doch: Als wir auf der Promenade zwischen dem Rifugio Rasciesa (Raschötzhaus, 2200 m) und der Kreuzkapelle im dichten Nebel herumtappten, waren wir besorgt, an der unsichtbaren kleinen Kirche vorbei irgendwo im Nichts zu landen. Daß wir sie schließlich doch noch fanden, verdanken wir dem Schwatzen einer Wandergruppe, das gespenstisch im Nebel über uns zu hören war. Gemeinsam erreichten wir so endlich unser Tagesziel. Zurück zum Raschötzhaus zu finden, war kein Problem – dafür gab es viel Heiterkeit im Gastraum, als wir beim Betrachten der Schönwetter-Postkarten überrascht feststellten, wie schön es hier oben ist, wenn man etwas sieht!

Kreuzkapelle: 1871 Schauplatz der Tiertragödie.   *Geschnitzte Kreuzwegstation am Raschötzhaus.*

Einige Tage nach dieser Episode waren wir bei Fernsicht und Nachmittagssonne wieder da. Es fällt schwer, ohne Schwärmerei zu beschreiben, wie beeindruckend der Blick von dieser ideal plazierten Hochalpe unter dem Südtiroler Himmel ist: jenseits die grüne Seiser Alm, links die felsige Dolomitenkette mit Langkofelgruppe und Sellastock, und rechts in der Ferne die Gletscher von Marmolada und Ortler.

Die gepflegte Kapelle unter der Außerraschötzspitze (2282 m) gehört zur jüngeren Generation. Ein Jakob Christoph von Ingrim aus dem nahen Ort Lajen hat sie aus unbekannten Motiven 1755 anstelle eines Kruzifixes „für anständige Meßopfer" gebaut. Natürlich fragt sich der Fremdling, ob auch „unanständige" Meßopfer möglich sind. Wollte der Bauherr sein feines Kirchlein vor gottlosen Vagabunden schützen? Trotz starken Pilgerandrangs blieb es ohne erklärende Legende. Vielleicht war der Mann aus Lajen nur ein guter Mensch? Oder wollte er sich auf diesem auserwählten Platz ein Denkmal setzen?

Was hier wirklich einmal passierte, bedurfte keiner Legende. Wir fanden diese wahre Geschichte in einem gar nicht so alten Heimatkalender unter dem haarsträubenden Titel: „Die heruntergefressenen Zehen des Herrgotts auf der Raschötzalm". Der Kalenderautor hatte sie beim Blättern in alten Bänden der „Konstitutionellen Bozener-Zeitung" unter dem Datum des 1. Juli 1871 entdeckt. Danach trug sich in jenem Sommer, während sich Deutsche und Franzosen schlugen und zuletzt Preußens König Wilhelm in Versailles zum Kaiser proklamiert wurde, hier oben folgendes zu:

Man hatte diesmal schon früh die Almen mit Rindern und Pferden zum „Sömmern" beschickt. Eines Tages fiel wieder dichter Nebel ein, und Unwetter kündigten sich an. Grund genug für Senner und Hirten, vor der steilen Torwand hastig ihr Vieh zusammenzutreiben. Ein Pferd aber fehlte. Über eine Woche lang suchte man danach und fand es nicht. Als der verzweifelte Besitzer glaubte, das Tier aufgeben zu müssen, ging er zur Kreuzkapelle, um zu beten. Da fand er das Roß, es war bereits tot. Es lag verhungert zwischen den Bänken vor dem Altar. Anscheinend hatte es sich beim Unwetter durch die geöffnete Tür in den Andachtsraum geflüchtet. Dann aber muß die Tür ins Schloß gefallen sein, und das Tier war eingesperrt. Natürlich war niemand auf die Idee gekommen, das verschwundene Pferd in der Kirche zu suchen. In seiner Not hatte das Tier begonnen, die Bänke, zwei Holzstatuen, die Tür zum Tabernakel „und was sich sonst noch an Holz fand", anzuknabbern. Die entstandenen Schäden ließ der Deutsch-österreichische Alpenverein 1887 beseitigen und die Heiligenfiguren restaurieren. Sie befinden sich seit 1950 im Widum von St. Ulrich. An ihrer Stelle wurde über dem Altar ein neues Kruzifix angebracht. So endet der Bericht. In der Kapelle erinnert nichts mehr an die Tiertragödie. Für die Verstorbenen der Gemeinde ist jedoch ein vergitterter Schaukasten vorgesehen, der ihre Totenzettel aufnimmt. Eine besondere Ehrung erfuhr Vinzens Moroder, der „als begabter und fleißiger Bildhauer ausgezeichnete Kunstwerke, zum Beispiel den Kreuzweg zur Raschötz geschaffen hat... Der Herr möge ihn mit der ewigen Freude belohnen!" Im Text unter der letzten geschnitzten Statue wird auch erwähnt, daß der Künstler (1889–1980) nach zwölfjähriger Ehe als Witwer sieben Kinder allein aufzog. Uns gefiel dieses menschliche Gedenken. Beim Abstieg nach St. Ulrich betrachteten wir die mit Birkenholz umrahmten, besonders fein geschnitzten Kreuzweg-Marterln mit anderen Augen. Auf der Höhe waren sie von Wind und Wetter fahl ausgeblichen; unten, wo sie im Wald geschützter standen, leuchtet ihr Holz so hell, als wären sie eben erst aus der Werkstatt Moroders gekommen. Das erste Standbein für den Bergtourismus auf den Außer- und Innerraschötzer Alpen stellte der Deutsch-österreichische Alpenverein 1903 mit dem Bau des Raschötzhauses auf, das nach dem Ersten Weltkrieg auf den Club Alpino Italiano überging. Von Anfang an tummelten sich hier Tourenskiläufer. Daran hat sich auch nach dem Bau der beiden Seilbahnen nichts geändert. Das Wandergebiet ist schier unerschöpflich, allein an der Kapelle enden Wege von Villnöß, Lajen und Gufidaun.

Und nun ist unten im Tal der „König von Gröden" bestattet worden! In St. Ulrich angekommen, wurden wir Zeuge eines Pilgerzuges der besonderen Art. Er bewegte sich trotz Nieselregens ohne Unterlaß auf den Friedhof zu. Noch Wochen nach seinem Tod hatte das Grab von Luis Trenker so großen Zulauf, daß die Besucher mit eigens aufgestellten Wegweisern in die richtigen Bahnen gelenkt werden mußten. Auch wir erwiesen dem Luis, dem Vorbild zweier Bergsteigergenerationen, unsere Reverenz. Gerade jetzt, wo sich die Kletterei zum Kunstsport entwickelt, sollte man ihm ein ehrendes Andenken bewahren.

Ausgangspunkt: St. Ulrich (Grödner Tal/Südtirol), Parkplatz am Ortsrand. **Gehzeiten:** 3 Std.; Kreuzweg (Nr. 1) oder Nr. 7 (ab Bergstation Raschötz-Sessellift 1 Std.) Variante: Seceda-Seilbahn und über Brogles- und Raschötz-Hütten, 3 ½ Std.) **Wallfahrten:** Aus Lajen 26.6. (Wetterherrentag), aus St. Ulrich 14.9. (Kreuzerhöhung).

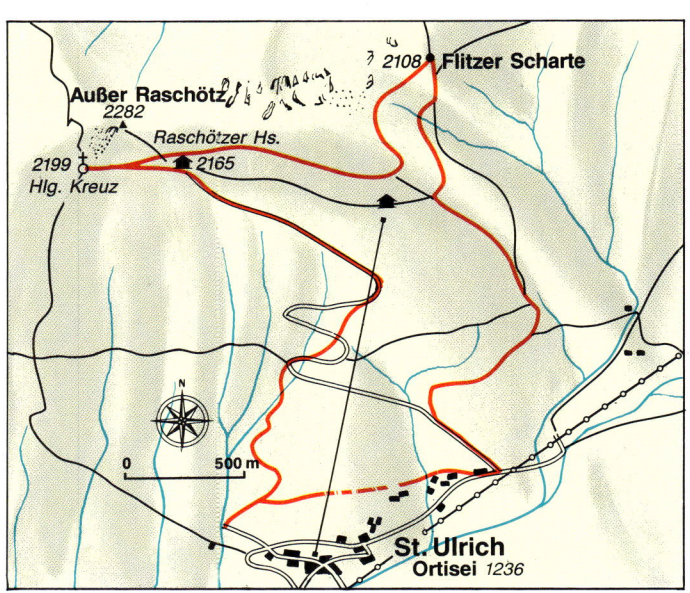

30

Über das Joch zur Gnadenmutter im Schnalstal

St. Martin im Kofel (1736 m)

Die kleine Kabine der Latscher Seilbahn pendelte schwankend in die Höhe und wirkte zuletzt wie ein mächtiger Vogel, der sich in seinem Hort niederläßt. Sie überwindet 1100 Höhenmeter und endet in einem steil an den Hang gesetzten Bergbauerndorf über dem Etschtal. Wir freuten uns auf die Fahrt, aber der Ticketverkäufer zuckte bedauernd die Schultern: „Tut mir leid, bei dem Sturm müssen wir den Betrieb einstellen - das war die letzte."

Wir beschlossen, trotzdem nach St. Martin hinaufzusteigen. Der Wind störte uns nicht. Tief unten lagen die Reben- und Obstgärten des Vinschgaus. Weit reichte der Blick ins Martelltal und auf die Gletscher der Ortlergruppe. Es muß früher kein leichtes Leben hier oben gewesen sein. Immer noch sind die Höfe Egg und Fora, nicht weit von St. Martin, bewohnt. Sie hängen gefährlich an Schuttkegeln und sind nur über schmale Steige zu erreichen.

Wann der Bauer Georg Platzer seinen grob geschnitzten Heiligen „im Kofel" zur Verehrung aufstellte, ist nicht bekannt. Dagegen weiß man, daß wegen der anhaltenden Wallfahrtszüge im 16. Jahrhundert um die Grotte herum die heutige Kirche gebaut wurde. Nun trägt St. Martin einen Brokatmantel und ein rostiges Schwert, ist aber in seiner Höhle kaum zu erkennen, vor allem, wenn die zur Selbstbedienung bestimmte Lampe einmal nicht funktioniert.

Oft ging es um die Existenz, wenn die Bauern mit ihren Sorgen hierher pilgerten. Wer seinen Hof verlor, endete als Tagelöhner. Renten und Sozialnetze gab es nicht. Eine Votivtafel: „Im Jahre 1856 hatte ich eine kranke Kue, durch Anrufung der Mutter Gottes in Schnals und den h. Martinus ist eine Stricknadel zwischen den vordern Schenkel herauskomen, und die Kue wurde gleich widerum Gesund, zur Dankbarkeit habe ich diese Tafel hierher verlobt..."

Berühmter als die regionalen Wallfahrten auf den Kofel ist der Bittgang der Leute von St. Martin zur Gnadenmutter von Schnals, einem kleinen Marien-Schnitzwerk, das seit dem 13. Jahrhundert verehrt wird. Wir besuchten Josef Radschiller, der als achtjähriger Bub zum erstenmal mit

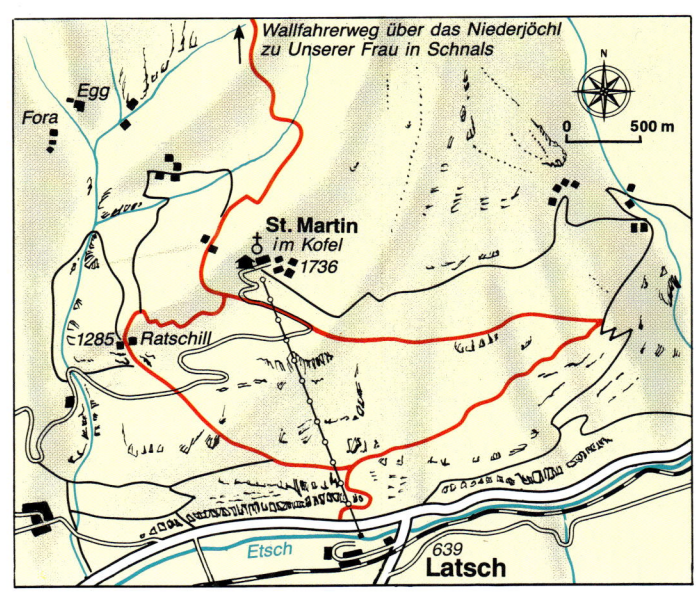

Blick von St. Martin ins Etschtal: Tief unter uns lagen die Wein- und Obstgärten des Vinschgaus.

seinem Vater über das Niederjöchl (2662 m) ins Schnalstal gepilgert ist. Etwa 300 m hinter der Seilbahnstation bewirtschaftet er einen modernen Hof. „Aus jeder Familie geht wenigstens immer einer mit", erzählte er. „Das Kreuz trägt seit zehn Jahren der Alois vom Forahof. Schlag zwölf brechen wir zum Jöchl auf und halten zehn Stunden später Messe bei Unserer Frau in Schnals. Am andern Tag ziehen wir nach der Morgenandacht nach St. Martin aus." Sie seien immer an die 25 Leute, und noch nie mußte ihre Pilgerfahrt ausgelassen oder verschoben werden. Der Wanderweg zum Niederjöchl (Nr. 6) berührt das Martinalpl (1958 m), einen schönen Brotzeitplatz mit Blick auf das nahe Hasenöhrl (3267 m). Unsere Hoffnung, mit der Seilbahn ins Etschtal hinabschweben zu können, erfüllte sich nicht. Die Bergstation war von Wartenden überfüllt, für die der Wirt nach einem Taxi telefonierte. Wir machten uns zu Fuß auf den Weg.

Ausgangspunkt: Latsch im Etschtal (Untervinschgau/Südtirol), parken an der Seilbahn-Talstation (auch mit PKW ab Kastelbell). **Gehzeiten:** 3½ Std.; Weg Nr. 7 (über Ratschill) oder Nr. 8 (Richtung Platz). **Wallfahrten:** Nach Schnals Samstag/Sonntag nach dem 24.6. (Johannistag). Gottesdienst: 11.11., Patrozinium (St. Martin).

31

Drei-Waller-Kapelle (1421 m)

Starben sie bei der Rückkehr in die Heimat?

Ein schlichter Holzbau über dem Gasteiner Tal.

Selten hat es über die Entstehung einer Kapelle so voneinander abweichende und trotzdem glaubhafte Meinungen gegeben wie über die des schlichten Holzbaus oberhalb des Gasteiner Tales. Nach dem Augenschein läßt sich die in einem frommen Buch gefundene Einschätzung bestätigen, daß sie „eines der merkwürdigsten Volksheiligtümer des Landes Salzburg ist". Angeblich sollen drei „Väter" aus dem merowingischen Königreich in die Gastein gekommen sein, um den heiligen Primus zu besuchen. Das klingt durchaus glaubwürdig, denn nachweislich wurde das Tal seit 700 besiedelt und die erste Kirche in Badgastein 848 erbaut. Nach ihrem Tod seien die drei „Waller" (= Wallfahrer) nebeneinander, jeder unter einem Hüttchen, bestattet worden. Über die Hütten heißt es weiter: „die sind neidergefault." Das dauerte den Verwalter der Gasteiner und Rauriser Gewerke, deshalb ließ er 1595 eine Kapelle zu Ehren der drei Waller danebensetzen. Um die Legende endgültig bestätigen zu können, untersuchte eine Kommission die Hüttenreste, fand jedoch keine Gebeine. Das ist amtlich, aus dem Jahr 1621. Eine andere Legende will wissen, daß drei Gasteiner nach einer Pilgerfahrt ins Heilige Land vor Freude starben, als sie ihr Tal wieder sahen. Man begrub sie dort, wo sie zu Tode kamen, und setzte ein Kreuz daneben, das mehr und mehr Wallfahrer anzog, die Heilung von Kopfweh suchten. Auch an dieser Geschichte könnte etwas dransein. Verlief doch der erste Zugang ins Tal über die Klammschlucht und etwa am Sterbeplatz der Pilger vorbei. Anscheinend hielten fortan Bergleute das Kapellchen in Ordnung. Davon zeugt eines der Gnadenbilder, das Christus als guten Hirten und die drei Waller links unten in ihrer Knappentracht zeigt. Darunter steht: „Gewidmet von der löblichen Knappschaft Gastein zu Ehren der heiligsten Dreyfaltigkeit und zu Ehren der seligen Jungfrau Maria im Jahre 1710, renoviert 1835." Nun fault hier nichts mehr. Als letzte machten sich Rotarier um den Erhalt der Kapelle verdient. Sie wollten mit dieser Patenschaft einem ihrer Freunde ein Denkmal setzen.

Wir hatten unseren Wagen am Gasthaus Zur Ruine Klammstein geparkt und den Weg über die Wiesen nach Unterberg genommen, jenseits von Dorfgastein. An den letzten Höfen begannen die Markierungen. Aber anders als nach der Karte zu erwarten war, führt ein Almweg bis knapp unter das Kirchlein. Dort erlebten wir wieder einmal, was für Schätze hinter äußerlicher Schlichtheit verborgen sein können. Der Raum mit sechs Bänken war liebevoll geschmückt, der Altar durch ein Gitter verschlossen. Inschriften lassen vermuten, daß sich hier Brautleute einander verloben. Viel Platz ist draußen nicht, auch keine Fernsicht, aber eine Bank mit dem Blick auf Dorfgastein im Tal, wo die drei Heimkehrer aus Jerusalem zu Hause waren. Vom Rauchkögerl (1810 m), eine knappe Stunde höher, sieht man mehr. Er ist das Lieblingsziel jener Salzburger, die mit der Bahn anreisen.

Ausgangspunkt: Dorfgastein (Gasteiner Tal/Salzburger Alpen), parken in Unterberg. **Gehzeiten:** 2 Std.; Wegweiser, Almweg. Keine Wallfahrten.

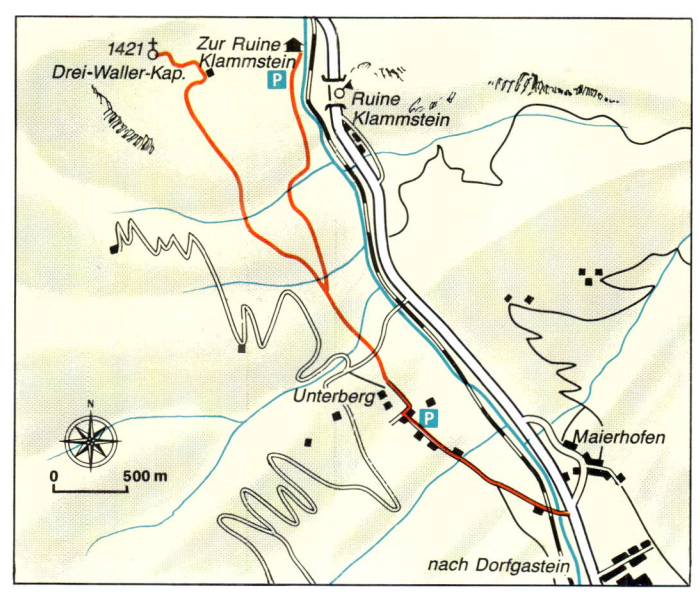

Das Votivbild mit den drei „Wallern" von 1710.

32

Heiligenbrunn (1739m) im Gesäuse

Wer hier betet, der spart 50 Jahre im Fegefeuer

Johnsbach: Der berühmte Bergsteigerfriedhof.

Johnsbach ist eine gute Adresse für Bergsteiger, die gern im rauhen Kalkfels des Gesäuses herumturnen, und das seit mehr als 100 Jahren. Seinen phantasievollen Namen verdankt das Gebirge dem Sausen und Brausen des Flusses Enns, der sich auf den 16 Kilometern zwischen der Klosterstadt Admont und Hieflau zu Urzeiten ein tiefes Bett gegraben hat. Etwa in der Mitte wusch der Johnsbach eine kilometerlange Schneise aus dem Gestein zur Enns. Das Hochtor ist mit 2369 m der höchste Berg der Gruppe. Auch gemäßigte Naturen, die den Sturm und Drang lange hinter sich gelassen haben, kommen als Berggeher und Wanderer am Johnsbach und jenseits der Enns auf ihre Kosten. Von allen Spitzen ist der Tamischbach-Turm (2035 m) am bequemsten (über die Ennstaler Hütte, 1544 m) zu erreichen. Von seinem Gipfel aus überblickt man die aus grünen Tiefen aufragende Gebirgskette komplett. Attraktion für geübte Geher ist seit der Jahrhundertwende der „Wasserfall-Weg" aus dem Ennstal zur Heßhütte (1669 m), eine Tour mit Stufen, Drahtseilen

Der Weg von der Heßhütte zum Kölblwirt führt über die Koderalm unterhalb des Großen Ödsteins.

und Geländern (allerdings ohne nennenswerten Wasserfall) bis zum Ebnesanger und Abstieg zum Kölblwirt in Johnsbach. Wir waren ins Tal gekommen, um einen „heiligen" Brunnen zu suchen, von dem wir nicht mehr wußten, als daß er am „Großen Leobener" gelegen sein sollte und von Wallfahrern besucht wurde.

Die ersten Siedler tauchten hier im 12. Jahrhundert auf. Bescheidenen Wohlstand brachten ihnen nicht Ackerbau und Viehzucht, sondern der Abbau von Eisen und Kupfer unter der Regie des Admonter Stiftes. Ihre Knappensiedlung gruppierte sich weitläufig um die erste 1310 auf Veranlassung des Benediktinerabtes gebaute Kirche. St. Ägidius bekam im 17. Jahrhundert beim letzten Umbau die heutige Gestalt. Mit dieser Pfarrkirche hat es eine besondere Bewandtnis. Bergsteiger haben sie über die Grenzen der Steiermark und ganz Österreichs hinaus bekannt gemacht: t o t e Bergsteiger, die hier auf dem Friedhof zwischen Ödstein und Reichenstein ihre letzte Ruhestätte fanden.

Die Namen auf den oft rührend geschmückten Grabsteinen lesen sich wie die Geschichte des Bergsteigens. Auch Gustav Jahn ist hier bestattet. Er war einer jener Maler, deren Bilder die Heiterkeit der Bergwelt widerspiegeln. Jahn stürzte 1919 mit einem Seilgefährten vom Großen Ödstein tödlich ab. Inzwischen sind auf der Totenliste 471 Namen von Opfern verzeichnet. Sie wird angeführt von Oswald Loimer aus Johnsbach, der 1810 am Gamsstein ums Leben kam. Hannelore Bös aus Waidhofen an der Ybbs starb 1990 am Leobner Nordgipfel. Sie war das letzte Opfer, als wir bei der Suche nach dem „heiligen" Brunnen ins Tal kamen und auf dem Friedhof wieder einmal nachschauten.

Mehr als die Legende kannten wir nicht. Danach sah ein Blinder aus Johnsbach im Traum die „Eigelsbrunneralm" und hörte die Prophezeiung, daß er dort beim Großen Leobner nach einer Quelle graben solle. Ihr Wasser würde ihn wieder sehend machen, wenn er sich damit kräftig wüsche. Anderntags führte man ihn hinauf, und tatsächlich fand man an der fünften Stelle wohlschmeckendes Wasser, das aus dem Almboden sprudelte. Der Blinde tat, wie ihm befohlen, und erhielt „ganz wunderbar das Augenlicht wieder". Als man später auch ein blindes Pferd zur Quelle brachte, erlosch die Heilkraft. 1826 sei ein Bildstock gesetzt worden, und aus der Umgebung kamen Wallfahrer, die sich durch das Wasser Heilung oder Linderung ihrer Leiden versprachen.

Die topographische Karte gab uns zunächst Rätsel auf. Nirgendwo im Johnsbach-Tal fanden wir eine „Eigelsbrunneralm". Endlich entdeckten wir am Leobner Törl (1739 m) unter dem Rotwandköpfl ein „Heiligenbrunn", das vielleicht die Wunderquelle sein könnte. Obwohl das Tal vom Kirchdorf angenehm zu durchwandern ist, fuhren wir bis zu einem Parkplatz ziemlich am Talschluß und folgten von dort dem Almweg zur Grössingeralm. Dann ging es markiert steil durch Mischwald, später durch Schrofen. Mehr als einmal sah es so aus, als sei der Weg verlorengegangen, bis sich am Törl der Blick auf schöne Grasberge

Der Bildstock neben der Quelle in einer Mulde unweit des

auftat. Am Joch fanden wir schließlich die erste Hinweistafel nach „Heiligenbrunn". Von dort waren es nur noch 15 Minuten über Grashügel bis zur Bank neben einem Kruzifix und dem an der Quelle in einer Bodenvertiefung aufgestellten Bildstock. Auf der Schrifttafel unter der Mariendarstellung war zu lesen: „Wer allhier für die Armen im Fegefeuer zu Ehren der allerheiligsten Dreifaltigkeit betet, hat 50 Jahre Ablaß". Das „Wunderwasser"

Joches. Gebete versprechen 50 Jahre „Ablaß" im Fegefeuer.

rann spärlich aus einem Eisenrohr. Und auch ein Blechkasten war da mit einem Buch, in das sich am gleichen Tag schon andere Bergwanderer eingetragen hatten.

Es war so schön da oben, daß wir die Tour verlängerten und zurück den markierten Pfad rechts vom Törl durch Wiesen und Hochmoor einschlugen. Leider endete er an einer Forststraße ohne Hinweise. Links entlang war falsch, also umgekehrt und rechts versucht. Immer wieder irritiert durch neue Fahrwege, die nicht in der Karte standen, verloren wir viel Zeit. Endlich fanden wir die Ebneralm und den Pfad auf die Talstraße. Das war zwar ein fast peinlicher Verhauer, reizt jedoch Pfadfinder-Naturen vielleicht zum Nachwandern.

Der Kölblwirt meinte später, wir könnten auf den „Ganglsteig" geraten sein, der selten begangen wird. Ludwig Wolf hat in das alte Gasthaus eingeheiratet und ist als Kirchenrat von Johnsbach auch mit Sachkunde um den Erhalt des noch ursprünglichen Tales besorgt. Ab 1991 soll die historische Wallfahrt über den Neuburgsattel (1493 m) wieder aufgenommen werden.

Ausgangspunkt: Johnsbach (Gesäuse/Steiermark), parken am Talende bei Gschaidegger-Hof. **Gehzeiten:** 2 ½ Std.; Wegweiser, ab Grössingeralm Punkte zum Leobner Törl, dort Hinweis. Gottesdienste: Eine Bergmesse im August; in Johnsbacher Kirche 8.9. Patrozinium (Mariä Geburt); Bergsteigermesse mit Gräbersegnung 2.11. (Allerseelen).

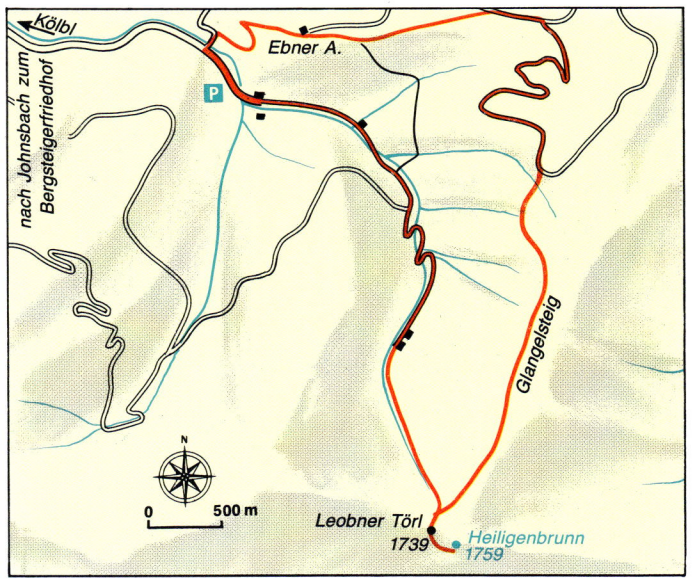

Annakapelle am Matzen (1534 m)

33

Soldatenmesse am Fuße der Karawanken

Auf geht's: Freiwillige des Jägerbataillons 25.

Mitte Juni 1990 versammelten sich die „Roten Baretts" des Jägerbataillons 25 von der Klagenfurter Khevenhüller-Kaserne, voran ihr Major, zur 10. Soldatenmesse auf dem Matzenberg. „Daß es der Hainzičbauer im Jahre 1805 ziemlich schwer gehabt haben mußte, als er mit seinem Sohn ein hölzernes Kreuz auf den Matzenberg trug, wurde auch manchem Grundwehrdiener bewußt", hieß es danach in der Truppenzeitung. Major Christian Rauper führt seine Leute nach dem Wahlspruch „Mut, Tapferkeit und Treue". So haben die Jäger in ihrer Freizeit nicht nur die 1854 auf dem Matzen eingeweihte Annakapelle saniert, sondern auch zwölf vernachlässigte Bildstock-Kapellen und Wegkreuze.

Wir trafen Christian Rauper und seine Männer am Kroschlhof (1000 m), wo 70 Jahre nach der Volksabstimmung in Südkärnten ein slowenisch-deutscher Gottesdienst in Anwesenheit von Landeshauptmann Dr. Haider und Dr. Grilc vom Rat der Kärtner Slowenen am Anna-Bildstock stattfand. Der Major war bester Laune. „Wie es zu diesen Aktivitäten kam? Nun, meine Mutter heißt Anna. Sie hat mich elfmal zu Wallfahrten auf den Matzen mitgenommen. Bei einer Truppenübung sah ich dann, wie heruntergekommen die Kapelle inzwischen war - so fing alles an", sagte er und fügte etwas verlegen hinzu, „eigentlich für meine Mutter". Daraus entstand die deutsch-slowenische Soldatenwallfahrt, die bei gutem Wetter bis zu 3000 Pilger - darunter auch Zivilisten - zusammenbringt. Der Karawankenweg durchzieht das stille Wandergebiet von Feistritz im Rosental über Klagenfurter Hütte, Ferlacher Horn, Herpertschniksattel (Abzweig zum Matzen) Koschutahaus und Hochobir nach Eisenkappel.

Ausgangspunkt: Ferlach im Rosental (Karawanken/Kärnten), parken hinter Waidisch beim PKW-Abzweig nach Zell Pfarr. **Gehzeiten:** 2 ½ Std.; Wegweiser (am Baum), Forstweg Nr. 635, 603 (Karawankenweg) bis Herpertschniksattel, hier Punkte, Nr. 636. (Variante: P. in Ferlach, Weg 636 über Ogris ca. 2 Std.) Soldatenwallfahrt: 26.7., Patrozinium (Annatag).

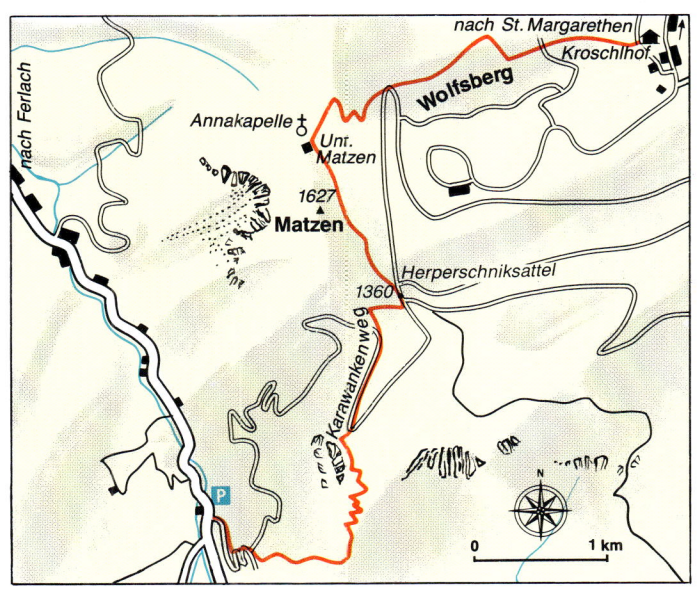

Am Matzen: Einweihung der renovierten Kapelle.

34

Hinter Glas das abgeschlagene Haupt des Heiligen

St. Johannes auf der Salve (1827 m)

Unsere Ururgroßeltern wagten noch, ihre Gefühle ungefiltert und ohne Hemmschwellen herauszulassen, wie zum Beispiel der Autor eines Buches über die Hohe Salve um die Mitte des vorigen Jahrhunderts: „Hier öffnet sich die Gebirgswelt in ihrem großartigsten Maßstabe und vollendeter Lieblichkeit; Hunderte wie aus einem Meer empor sich hebende Bergspitzen lachen dem Auge des beglückten Beschauers entgegen..." Er hinterließ der Nachwelt auch ein Gedicht, dessen letzte Strophe lautet: „Hohe Salve unter allen / raget an des Aethers Hallen / keiner aus der Thäler Ruh / so erhaben schön wie du!" Eine Version sieht als Ursprung des Namens den Ausruf des Erstbesteigers beim Betreten der Graskuppe, die andere leitet ihn von „sauvage" = unbebaut ab. Davon kann schon lange nicht mehr die Rede sein. Sowohl die Kleine (1559 m) als auch die Hohe Salve (1897 m) bei Wörgl, da wo bei Hopfgarten das Tiroler Brixental beginnt, sind rundherum als Skizirkus erschlossen. Im Sommer wird hier gern gewandert.

Immer noch „strebt reihenweise rings um dich ein Riesenchor, hier von Klippen, dort vom Eise starrend in die Luft empor" - nämlich das Kaisergebirge und die Hohen Tauern.

Uns interessierte die Wallfahrtskirche auf dem Salvengipfel, die ab 1589 wegen zunehmender Pilgerzüge ständig erweitert und nach Blitzschlägen häufig repariert werden mußte. Sogenannte „Betbrüder" betreuten das Gotteshaus und die Pilger - einer von ihnen wurde ermordet. Das war Grund genug, der schauerlichen Legende um das abgeschlagene Johannes-Haupt auf dem Altar nachzugehen.

Früher wurde dieser Kopf von Heilsuchenden dreimal um den Altar getragen, andere brachten als Opfergabe auch bemalte Köpfe mit, die sehr realistisch die vom Scharfrichter durchtrennten blutenden Adern zeigten. Sie sind alle verschwunden - bis auf einen. Der steckt nun in einem Glaskasten.

Die Legende erzählt von einer frommen Witwe, deren einziger Sohn vor Raub und Mord nicht zurückschreckte.

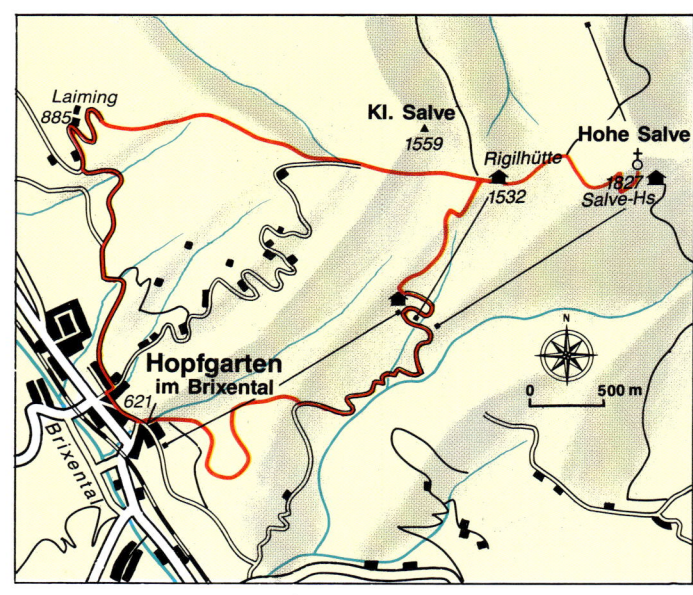

Verzweifelt versuchte sie, ihn auf den rechten Weg zurückzuführen. Vergebens! Als sie eines Nachts träumte, daß der Taugenichts ihr das blutende Haupt von Johannes dem Täufer entgegenhielt, sah sie darin ein Zeichen. Und nun gelang es ihr, den Sohn zu bekehren. Der Räuberhauptmann stellte sich mit seiner ganzen Bande dem Gericht. Alle wurden zum Tode verurteilt und enthauptet. Die Mutter aber verkaufte ihren Hof und baute mit dem Geld die Kirche auf dem Salvenberg.

Georg Ager, Wirt des Gasthauses neben der Kirche, erzählte, daß die Kapelle 1972 saniert wurde und seitdem ein schmiedeeisernes Gitter den Altarraum vor Diebstählen schützt. „Wallfahrten gibt es nicht mehr", sagte der Agerwirt, „aber dreimal im Sommer Bergmessen."

Ausgangspunkt: Hopfgarten (Brixental/Tirol), parken an der Talstation der Bergbahnen auf die Hohe Salve.
Gehzeiten: ca. 3 Std.; Wegweiser (Nr. 10) über Thannerwirt und Kälberalm zur Hohen Salve. Gottesdienste: 24.6. Patrozinium (Johannes der Täufer); 26.7. (Annatag).

Hinter Gittern im Glaskasten: das abgeschlagene Haupt des hl. Johannes.

35 Wie ein Fürst zum Harlaßanger am Gaisberg pilgerte

Maria-Heimsuchung-Kapelle (1532 m)

Der Harlaßanger mit Kobinger Hütte und Großem Ret-

Das Schloß klemmte – vergebliche Mühe, die alte Kapellentür zu öffnen. Sollten wir, selten genug und trotzdem ärgerlich, unter dem Gaisberg (1767 m) Pech haben? Nach einem „Originalbericht" erwarb Michael Lackner anno 1659 die „Allbm Harlachanger" und befestigte an einem „Taxpaum" selbstgemalte Bilder der Muttergottes und des heiligen Antonius von Padua. So fing alles an. Bald kamen die ersten „Kirchenfährter" aus Tirol, Pinzgau, Bayern und anderen Landschaften – heißt es im zeitgenössischen Bericht. Wegen des Zulaufs baute der Lacknerbauer eine winzige Holzkapelle drumherum für die Heiligen und die Bittsuchenden, die wegen ihres Viehs und aller möglicher Leiden hierher kamen. Nach dem eine „Schneelähn" sie zerschmetterte, entstand ein paar Jahrzehnte nach dem Unglück „Maria Heimsuchung", genau so, wie man jetzt noch das schindelgedeckte Kirchlein und seinen Turm auf dem freundlichen Anger vorfindet. Weiter im Süden der Große Rettenstein in den Kitzbühler Alpen, dahinter die Glitzerberge der Tauern.

Wir waren enttäuscht, daß wir nicht hineinfanden, zählte doch der Bericht lückenlos alle Daten und Eigenarten dieses Wallfahrtsortes auf. Es wäre interessant gewesen, festzustellen, ob wenigstens ein paar der 114 Votivtafeln zu Ehren der Gottesmutter, eingedenk der vielen Kirchenräuber, übriggeblieben sind. In der Kobinger Hütte (1505 m, im Sommer Lager und Zimmer) nur ein paar Schritte unter der Kapelle, wunderte sich Georg Oberlechner. „So, die Tür geht nicht auf?", sagte er und muster-

tenstein. Die gemauerte Kapelle entstand um 1715.

te uns abschätzend: „Dann geht nochmal hinauf und versucht's etwas kräftiger - dann klappt es schon!"

Der Juniorwirt hatte nicht zuviel versprochen. Mit etwas Gewalt fanden wir Einlaß - und staunten! An den Wänden ein Täfelchen neben dem anderen, der Altar mit der gekrönten Maria bis an die Decke vergittert, und Fresken jüngeren Datums am Himmel des Andachtraumes. Aber vergeblich suchten wir - laut Chronik - nach „wächsernen Abbildungen von Rindern, Schafen, Augenpaaren, Händen und Füßen, von Kröten, Köpfen mit Brust und von ganzen Personen, alle in der Tracht um 1750". Wurden sie alle gestohlen, oder landeten sie inzwischen - eine Erfahrung, die wir in letzter Zeit häufiger machten - vielleicht im Museum?

Ein größeres, goldgerahmtes Gemälde erregte unsere Aufmerksamkeit, 1841 signiert von Jakob Aschaber, das den Pilgerzug des Fürsten Friedrich von Schwarzenberg am 2. Juli 1840 darstellt. Der Künstler hat in feinster Miniaturmalerei den Erzbischof von Salzburg (links im Bild mit rotem Überwurf), mehrere Priester, die Blaskapelle, Schützen und viel Volk festgehalten. Man sieht nur den Anfang des langen Pilgerzuges zum Anger.

Dieser Fürst hat sich, wie viele Geistliche, als früher Bergsteiger in die Geschichte der alpinen Eroberungen eingeschrieben. Zehn Jahre vor der pompösen Wallfahrt wagte und bestand er eine Neutour auf den Hochkalter in der Watzmanngruppe, und ein Jahr danach gelang ihm in Begleitung seines Dieners und vier Führern die Erstbesteigung des Wiesbachhorns in den Hohen Tauern. Die kleine

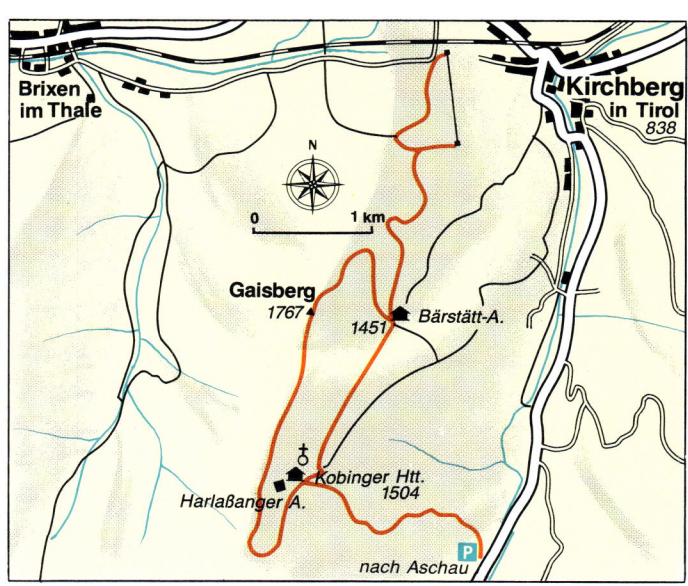

Das Erinnerungsbild von 1841 zeigt nur einen Teil des erzbischöflichen Wallfahrtszuges.

Expedition startete im Käfertal bei Fusch am Glockner. Vier Jahrzehnte später entstand auf einer Felsschwelle unter dem Horn die Schwarzenberghütte (2296 m). Zweimal verschwand sie unter Lawinen, nach der dritten setzten 1901 Alpinisten aus Mainz ein Schutzhaus „mit zwei Gemächern und Damenraum, innen vertäfelt" an dieselbe Stelle. Auch diese wischte eine Lawine weg. Erst in jüngster Zeit wurde eine neue Schwarzenberghütte dort eingeweiht.

Ausgangspunkt: Kirchberg im Brixental (Kitzbühler Alpen/Tirol), parken am Reiserwirt (aufgelassen) an der Straße nach Aschau. **Gehzeiten:** ca. 2 Std.; Punkte bis Straße, drüben Wegweiser zur Kobinger Hütte. (Variante: P. Talstation Gaisbergbahn, 3 Std. über Bärstättalm; ab Bergstation 1 Std.) **Wallfahrten:** 2.6. aus Brixen im Thal; Samstag danach aus Aschau, Sonntag aus Kirchberg.

36

Unsere liebe Frau im Walde (1355 m)

Wo sie von ihrem „Deitschsein" nicht lassen wollen

Im Frauenwald: Einst Stift aus dem 12. Jahrhundert.

„Der ganze Nonsberg ist verwälscht mit Ausnahme einiger deutscher Dörfer im oberen Theile, in welchem sich noch deutsche Sprache und Sitte findet..." Das ist ein Originalzitat von 1886 über die deutschen Sprachinseln im Trentino, nämlich Lusern, Fersental und Nonsberg mit St. Felix. Wer hier geboren wurde, hielt trotzig am Althergebrachten fest, in Altösterreich und während der faschistischen Ära (Irridentismus) mit der Vertreibung aller „Optanten" für Großdeutschland. Die Große Laugenspitze (2434 m) am Gampenjoch (1512 m) über Lana im Etschtal ist Schlußpunkt und Ausrufungszeichen des „welschen" Nonsberges zugleich. Uns interessierte die im Wald versteckte alte Wallfahrtskirche in „Senale", altdeutsch auch „Frauenwald", etwas unterhalb des Joches. Karl der Große zog hier mit seinem Heer gegen die Langobarden vorbei. Seit 1184 sind ein von Ordensbrüdern verwaltetes Hospiz und etwas später ein Chorherrenstift urkundlich erwähnt. Mitte des 15. Jahrhunderts wurde die erste Kirche durch eine neue ersetzt. Sie trotzt bis dato, weit ins Frühjahr hinein tief eingeschneit, Wind und Wetter. Ebenso ein kleines dörfliches „Alimentari" und das Wirtshaus. Beim Betreten der Kirche verschlägt es einem den Atem. Soviel Pracht hier, wo man sich heute noch, wenn auch inzwischen mit Zufahrt von der Gampenstraße, wie am Ende der Welt fühlen kann! Das umstrahlte Gnadenbild ist aus Ton geformt, eine Arbeit aus dem 15. Jahrhundert. Viele, auch italienische Votivtafeln. Überliefertes „Wunder" von 1746: „Eine verehelichte Person, die einen innerlichen Haß und große Abneigung gegen ihren Ehemann hatte, lebte sofort nach andächtiger Verehrung dieser Gnadenmutter mit demselben ganz vergnügt und in steter Eintracht"...

Ausgangspunkt: Gampenjoch (Prissianer Tal/Südtirol), parken am Joch (auch mit PKW ab Lana im Etschtal bis Kirche). **Gehzeiten:** 2 Std.; Weg Nr. 10 über Laugenalm, 1835 m. (Variante: über Laugensee, 2149 m, Weg markiert Nr. 133 und 10, ca. 3½ Std.) Gottesdienst: 15.8. Patrozinium (Mariä Himmelfahrt).

37 Erinnerungen an Golgatha vor Dolomitenwänden

Heiligkreuz am Kreuzkofel (2045 m)

Ein halbes Jahrhundert lang zugesperrt und als Schafstall

Im Sommer 1887 stand im Mitteilungsblatt des Deutsch-Österreichischen Alpenvereins, daß „Herr E. F. Gerstärker vom Wallfahrtsort Heiligkreuz aus einen neuen Weg durch die Felsen zum Heiligkreuzkofel (2911 m) begangen und markiert hat, welcher für Schwindelfreie und halbwegs Geübte als der kürzeste und lohnendste Aufstieg auf diesen vorzüglichen Aussichtspunkt bezeichnet werden kann" (jetzt knapp 3 Std.). Bisher hätte es nur einen Zugang von der Fanesalpe aus gegeben.

Wir befinden uns wieder im Ladinischen, im Gadertal, das mit „Abtei" und „Badia" über drei amtliche Namen verfügt. Nicht anders der von Herrn Gerstäcker mit enthusiastischem Unterton erwähnte Heiligkreuzkofel = San Crush bzw. Sass dla Crusc (ladinisch) und Santa Croce (italienisch).

Der Wallfahrtsort Heiligkreuz soll - Genaueres weiß man nicht - auf einen Einsiedler etwa im Jahre 1000 zurückgehen. Das mittelalterliche Hospiz daneben wurde mit Meßnerwohnung für Wallfahrer gebaut, und die Urform der malerisch unter den Steilwänden des Kreuzkofels gelegenen heutigen Kirche stammt von 1484. Die Legende will wissen, daß ein in der Höhle hausender Drache Mensch und Tier verschlang, bis ein tapferer Ritter ihn erledigte. Probleme gab es auch hier unter Maria Theresias Sohn, Kaiser Josef II., der die Folter abschaffte und als Aufklärer und Reformer die katholische Kirche arg bedrängte. 1786 ließ er die Wallfahrtskirche zusperren und „entweihen". Erstaunlicherweise nahmen die Gadertaler widerspruchslos hin, daß sie als Schafstall benutzt wurde, bis 1840 wieder die alte Ordnung einkehrte. Das Gnadenbild, hier die Statue eines kreuztragenden Christus, hält Winterruhe in der Pfarrkirche von St. Leonhard, dem Talort, und wird Anfang Juni in feierlicher Prozession wieder hinaufgebracht.

Wenn man von Zwischenwasser in die Abtei fährt,

benutzt: Die Wallfahrtskirche unter dem Kreuzkofel.

Jurakalk" ... Heiligkreuzschichten? Zwangsläufig stellen sich Fragen ein, ob einst der Berg dem Wallfahrtsort seinen Namen lieh, wann dieser zum erstenmal auftauchte und wer ihn erfand. Oder bestimmte jener Einsiedler vor 1000 Jahren den Namen?

Wir lösten uns nur schwer von der phantastischen Kulisse des Kreuzkofels und beschäftigten uns selbst noch während der Weiterfahrt über Corvara zum Sellajoch mit diesen Fragen. Erst unmittelbar vor der Paßhöhe, vis-à-vis dem spektakulären Pößnecker Steig – der allerersten Via Ferrata von 1912 –, wurden wir durch die bunt behelmten, mit Gurten und Karabinern ausgerüsteten Aufsteigerschlangen abgelenkt. Die Gegenwart hatte uns wieder.

Ausgangspunkt: Pedratsches im Abteital (Kreuzkofel-Gruppe/Südtirol), parken in St. Leonhard (oder Talstation Sessellift). **Gehzeiten:** 1 ½ Std.; Kreuzweg (Nr. 7); ab Bergstation ½ Std. Festgottesdienst: 26.7. (Annatag); 24.8. (St. Bartholomä).

sieht man bei Pedratsches (Predaces) zum erstenmal die Kreuzkofelgruppe: ein phantastischer Anblick, vor allem bei abendlichem Alpenglühen. Der alte Kreuzweg von St. Leonhard überdauerte die touristischen Anstrengungen der Gemeinden trotz Sessellift und Pisten; das Hospiz dient, seit die ersten Bergsteiger und später Skiläufer auftauchten, mehr als Schutzhaus denn als Pilgerrast. Man wandert zunächst über Wiesen, dann unter Lärchen und durch Krummholz vorbei an schönen Kreuzwegtafeln, bis sich plötzlich die fromme Oase vor einem auftut. Die drei „Kreuze von Golgatha" lassen einen erschauern, sie stehen vor den Wänden wie einst auf dem Hügel vor dem alten Jerusalem.

„Die Felswände oberhalb des Kirchleins", lesen wir in einem verjährten Führer, „bestehen aus Heiligkreuzschichten und Raibler Schichten, darüber Hauptdolomit und

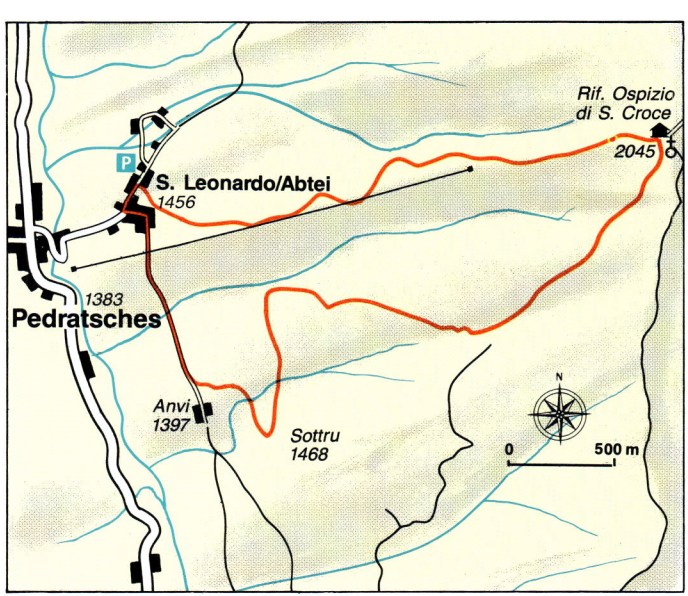

38

Pinzgauer Wallfahrt (2506 m)

Durchs Hochgebirge zum „heiligen Blut" am Großglockner

Man steckte sie für zehn Tage ins Gefängnis: den Kirchner Franz aus Hollersbach, Kaufmann Steinacher aus Zell am See und Vogelreiter Norbert aus Mittersill. Zwei andere verschwanden sogar für drei Wochen, die Mehrzahl bekam ein paar Tage Haft oder gepfefferte Geldstrafen. Das war 1940, zwei Jahre nachdem Österreich „heim ins Reich" geholt worden war.

Wie konnte geschehen, daß harmlose Pilger, fast 200 Jahre nach den Verboten als Folge der Säkularisation, zu Straftätern deklassiert wurden? In einem historischen „Rückblick auf die nationalsozialistische Herrschaft 1938-1945" heißt es, daß die ländliche Bevölkerung trotz der Parteiverbote den traditionellen religiösen Festen die Treue hielt, im Gegensatz zur „Dorfbourgeoisie" etwa der Ärzte, Richter und Lehrer, die in der Regel rasch zum Nationalsozialismus überwechselten. Dann wörtlich: „Ein eindrucksvolles Beispiel bietet die Pinzgauer Wallfahrt nach Heiligenblut im Jahre 1940. Sie war von der Gestapo verboten; dennoch kamen 94 Alleingänger in

Es war noch dunkel, als Pfarrer Josef Binder früh um

5 Uhr in Ferleiten den „harten Kern" der Pinzgauer Wallfahrer mit einer Messe verabschiedete.

Der Pulk zog sich bald auseinander. Nebel verhinderte den Blick auf Wiesbachhorn und Hohen Tenn.

Ferleiten zusammen. An der Spitze der 78jährige Neuhausvater aus Bruck (an der Glocknerstraße), der diese ungemein anstrengende Wallfahrt bereits zum 64. Male mitmachte..." - so war das also. Offiziell ließ die Obrigkeit scheinheilig verlauten, die Erntearbeit sei wichtiger als der Zug über das Hochtor (2506 m) nach Kärnten.
Nur einmal in seiner langen Geschichte fiel der traditionelle Termin um Peter und Paul aus, nämlich 1945 nach Kriegsende, als sich 700 „Waller" ohne Ängste im September am Rupertitag auf den Weg machten, endlich wieder in geschlossener Formation. Im Jahr danach mußten sie sich für die Fahrt eine alliierte Reiseerlaubnis bei Vorlage eines viersprachigen Identitätsausweises besorgen; die Alpenrepublik teilte ja das Vierzonen-Schicksal des zerschlagenen „Reiches". Trotz dieses administrativen Hinternisrennens versammelten sich an die vierhundert Teil-

Trompetenchoräle umrahmten die Gebetsrast am „Petersbrünnl" nahe der „Hexenküche" bei Kehre 10.

nehmer im Morgengrauen zur Messe an der Katharinen-Kapelle neben dem alten Ferleitener Tauernhaus (1982 abgebrannt), ohne während der vor ihnen liegenden knapp 40 Kilometer ihr Ziel aus den Augen zu verlieren: in der (Mitte des 14. Jahrhunderts von Tauerngold-Knappen und ihren Gewerken erbauten) Heiligenbluter Pfarrkirche St. Vinzenz an den Tisch des Herrn zu treten, vor den prächtigen spätgotischen Altar, den der Südtiroler Künstler Michael Pacher 1520 für das Gotteshaus vollendete.

Es war einmal... So könnte die Geschichte der Pinzgauer Wallfahrt beginnen. Die erste nach Salzburg aus Zell am See über Berchtesgaden. Eine Chronik bestätigt sie seit 1348, vermutlich ist sie aber schon früher bekannt gewesen, als sich religiöse Eiferer noch einen „eysenen Ring umb die Weichen (oder) umb den Hals" schmieden

Vorletzte Station: Die Gifferkapelle im Regen.

An der „Elendsgrube" erinnert eine Gedenktafel an die

ließen, und manch anderer „nackend und bloß" zum Salzburger Dom pilgerte. Reiche Leute waren wild auf möglichst viele Reliquien. Wer für jeden Tag des Jahres eine vorzeigen konnte, der ersparte sich „täglich Ablaß von 800 Tagen Fegefeuer". Kein Wunder, daß mit den heiligen Andenken Wucher getrieben wurde und Fälscher sich den Aberglauben zunutze machten. Diese Wallfahrt hielt sich etwa 250 Jahre, zuletzt, um den Kirchenfürsten Opfer darzubringen. Dabei blieb es bis Mitte des 15. Jahrhunderts, als es zu Aufständen kam, weil neue Steuern die Bauern empörten und ihr Anführer unter dem Henkerbeil endete. Das Leben in den Tauern war schon von Natur aus hart. Wilde Tiere rissen auf den Almen Rinder, Pferde, Schafe und Ziegen. Verbittert und verzweifelt gelobten die Bauern, „als die Wölf von dem Taurngebürg große Schaden gethan, einen beschwerlichen Creuzgang yber den Thaurn zum Hl. Blut". Das war 1569.

Heiligenblut? Hinter diesem merkwürdigen Namen steckt eine Sage, die in Konstantinopel beginnt. Dort soll Kaiser Konstantin VIII. seinem tapferen Krieger Briccius ein paar Tropfen vom Blut Christi auf die Heimreise nach Dänemark mitgegeben haben. In den Alpen starb der Mann vor Erschöpfung. Viel später fand man unter drei

Wallfahrer, die hier 1683 im Schneesturm erfroren.

Wallfahrer unterwegs: Ein Gesicht in der Menge.

Ähren seine Gebeine und das Fläschchen mit dem kostbaren Inhalt. Genau dort baute man eine Kapelle und nach Jahrhunderten St. Vinzenz, das Ziel der Tauernpilger.

Und heute? Immer noch hängen sie an ihrer Wallfahrt, kommen aus dem Pongau und dem Lungau, aus Tirol und Salzburg. Unter ihnen junge Leute, die sich sportlich herausgefordert fühlen, vor allem aber ältere, denen der „Creuzgang" Glaubenssache geblieben ist.

Man sagt, die Pinzgauer Wallfahrt habe durch die 1935 fertiggestellte Großglockner-Hochalpenstraße eine neue Qualität bekommen. Qualität? Besser wohl einen anderen Charakter, denn wanderte man einst über den alten Saumweg und die Trasse der „Römerstraße" nach Süden, so folgt man heute der eleganten Asphaltspur bis zum Wallackhaus hinter dem Hochtor-Tunnel. Von da an geht es (auf Weg Nr. 4) querfeldein über das Kasereck zur Gifferkapelle und dann hinunter nach Heiligenblut.

Wie oft sind wir schon von Fusch im Salzburgischen mit dem Wagen mitten durchs Hochgebirge hinübergefahren! Der Gedanke, nun diesen „Schlauch" zu Fuß und bei jedem Wetter zu bewältigen, kam uns zunächst absurd vor. Als wir jedoch mit Hunderten anderer vor dem alten Lukashansl-Gasthaus auf die Messe warteten, packte auch

In Heiligenblut: Empfang mit Fahnen und Musik.

uns das Wallfahrtsfieber. Morgenröte überzog den Himmel, aus dem Tal stiegen Nebelbänke empor. Josef Binder, der Pilgerpfarrer, verabschiedete nach dem Segen jovial „den harten Kern, der schon zur Messe da ist", bevor auch er den Rucksack schulterte mit der Ermahnung, die Gebetsrast am Petersbrünnl (Kehre 10 = „Hexenküche", zwischen Schrofen am großen Stein) nicht auszulassen.

Der anfangs zusammenhängende Pulk zog sich bald auseinander. Kaum jemand hastete im Volkslauf-Tempo durch den immer dichter werdenden Taldunst, der nur gelegentlich den Blick auf Wiesbachhorn und Hohen Tenn freigab. Ab und zu strampelten Paßradler an uns und den aufmunternden Pflasterparolen „Hopp Didi!" vorbei. Kinder hielten mit den Eltern Schritt, junges Volk alberte herum. Pfarrer Binder hatte seine Pilgerschar angehalten, nur die rechte Straßenseite zu benützen, um den Verkehr nicht zu behindern. Trotz des riesigen Aufgebots bildeten sich auf der langen Strecke Zweier- und Dreiergruppen. Nicht wenige marschierten allein, den Rosenkranz in der Hand. Es wurde geschwatzt. Die Bäuerinnen Anna Schuster und Joseffa Pindler erzählten, daß sie zwei Stunden nach Mitternacht mit der Gruppe in ihrem Dorf Pettenbach in Oberösterreich aufgebrochen waren. Die 70jährige Johanna Hutteg kam mit 15 Leuten aus St. Johann im Pongau – dieses sei das 36. Mal. Vor uns im Sonntagsanzug ein gehbehinderter Landwirt, der uns sagte, er wolle der Jungfrau danken, daß er trotzdem immer noch dabeisein kann und daß seine Pilgerfahrt in Amstetten um Mitternacht begonnen habe.

Am Petersbrünnl umrahmte ein Trompetenduo die erste Andacht und Rast. Nach 1350 bewältigten Höhenmetern begann es am Fuscher-Törl-Gasthaus zu regnen (hier Abkürzer zur Fuscher Lake). Und als sich am Mittertörl Pilger aus Rauris anschlossen – sie waren nach der Messe am alten Tauernhaus um acht Uhr gestartet – hüllte uns dichter Nebel ein. „Immer noch besser als im vorigen Jahr, da war Schneesturm und eisige Kälte", murmelte Leopold Wimmer aus Taxenbach an der „Elendsgrube", wo der Pfarrer mit dem verbliebenen „harten Kern" eine Gedenkrast für alle Wallfahrts-Toten und jene Pinzgauer hielt, die beim Kreuzgang am 30. Juni 1683 im Beindlkar elendig erfroren waren.

Es goß hinter dem Hochtortunnel, es schüttete am Wallackhaus, am Gasthaus Kasereck und immer noch an der Gifferkapelle. Erst als wir, vollkommen zufrieden und heiter, mit den 2000 anderen Teilnehmern in Heiligenblut einzogen, kam noch einmal die Sonne hervor. Nur der Großglockner spielte nicht mit, er blieb diesmal hinter Wolken versteckt.

Ausgangspunkt: Ferleiten im Fuschertal (Großglockner-Hochalpenstraße/Land Salzburg), parken an der Mautstation. Dort 26.8. (Wetterherrentag) um 5.00 Uhr Messe; im Strom der Wallfahrer, mit allen Andachten, um 17.00 Einzug in Heiligenblut (Kärnten). Rückfahrt organisiert mit Postbussen.

39 Andacht bei der „Heimkehrermutter" unter der Plose

Mariahilf am Freienbühel (1769 m)

Stiller Hügel mit Doppelkreuz vor der Kapelle.

„Zum Dank der Mutter Gottes: für die Glückliche Heimkehr aus dem Weltkriege 1914-1918 - P.F. 27.1.19". Dies ist nur eine der Votivtafeln im Kapellchen der „Heimkehrermutter" auf dem stillen Hügel unter dem Hausberg der Brixener, der Plose. Jenseits vom Sommer- und Wintertrubel dort oben blieb der Bühel eine Insel des Erinnerns an jene Frauen und Mütter, die in Ängsten für ihre Männer und Söhne an allen Fronten der beiden Weltkriege beteten und um das Schicksal vermißter Soldaten bangten.

Eine der Legenden stammt aus der Franzosenzeit von 1809. Die andere überliefert, daß Brixener Eheleute hier r e c h t s vor dem Altar niederknieten, wenn sie sich ein M ä d c h e n wünschten, und l i n k s , wenn es ein B u b werden sollte. Schön das hohe, verwitterte Doppelkreuz mit einer „Pietà im Häuschen" vor der Kapelle und der Blick auf Brixen im Eisacktal. Reichlich Bänke laden zur Brotzeit ein. Bis hinauf auf den Bühel hört man das schwere Geläut des berühmten Domes.

Ausgangspunkt: St. Georg in Afers (Plose/Südtirol), parken im Ort an der Brixener Dolomitenstraße zum Würzjoch. **Gehzeiten:** ¾ Std.; Kreuzweg. (Variante: aus St. Andrä Weg Nr. 5, ca. 3 Std.) Gottesdienst: 2.7. Patrozinium (Mariä Heimsuchung).

40

Mariazeller Weg ab Puchberg (1134 m)

Die „Via Sacra" zur Großen Mutter Österreichs

Blick von der Bürgeralpe auf Mariazell, wo sich Pilgerwege

Von Wien bis nach Mariazell in der Steiermark - fast 150 Kilometer, vorbei an den berühmten Stationen des Heiligen Weges, die nun alle staubfrei an Asphaltstraßen liegen? Nein - das wollten wir uns ersparen! Deshalb fuhren wir die Via Sacra zunächst mit dem Wagen ab. Es war ein (empfehlenswerter) Ausflug in die Geschichte mit frommen und kunsthistorischen Erbaulichkeiten. Er endet im (einst klösterlichen) „Cella" (= Mariazell) vor dem glänzenden, silbernen Altaraufsatz - die Arbeit eines Augsburger Goldschmiedes von 1727 - mit dem Gnadenbild der Madonna und ihrem Kind. Das spätromanische, schlichte Schnitzwerk aus Lindenholz - die Magna Mater Austriae, Österreichs Große Gottesmutter, auch Mater Gentium Slavorum und Magna Hungarorum Domina genannt - ist in kostbare Gewänder gehüllt und ohne Unterlaß von betenden Pilgern umringt. Hier trafen wir Hans Handl mit Frau und Tochter aus St. Margarethen im Kreis der Gläubigen. Sie waren vier Tage lang über den Burgenländischen Mariazeller Weg, einen der fünf klassischen Pilgerwege, gewandert. Erst nach dem Gebet vor der Gnadenmutter gönnten sie sich die verdiente Ruhe und waren bereit, von ihrer Fahrt zu erzählen - davon später.

Dicht wie der feierliche Hochaltar in der mächtigen Hallenkirche ist die Begräbnisstätte Kardinal Mindszentys in der Ladislaus-Kapelle umlagert, die einem Blumenmeer gleicht. Der Strom ungarischer Pilgerbusse reißt nicht ab. Der Primas war nach dem Krieg von den Kommunisten als Hochverräter zu lebenslanger Haft verurteilt worden und lebte nach dem Volksaufstand von 1956 als Asylant

aus fünf verschiedenen Richtungen treffen.

Die Handls aus St. Margarethen im Burgenland.

15 Jahre lang in der Budapester US-Botschaft. Seine sterblichen Überreste wurden im Frühjahr 1991 nach Esztergom überführt.
Die Mariazeller Wallfahrt, neben Altötting die bedeutendste in der Mitte Europas, ist mit ihren Superlativen seit dem 13. Jahrhundert selbst Legende. Über 20 Devotionalienbuden zählte man schon 1390 – heute sind es viel mehr. Eine Liste aus dem Jahr 1500 verzeichnet Pilgerzüge aus „Italien, Schweiz, Brabant, Frankreich, Bayern, Böhmen, Mähren, Polen, Ungarn, Preußen, Schlesien, Steiermark, Kärnten, Krain und Kroatien". Mitte des 17. Jahrhunderts trug Kaiser Leopold I. der Gottesmutter wichtige Staatsgeschäfte vor und erbat ihren Segen; er war nicht das einzige gekrönte Haupt vor dem Gnadenbild. Zum Ablaßtag 1599 kamen 23 000 Wallfahrer. „Im Jubeljahr 1757", heißt es in der Chronik, „zählte man 373 000 Pilger". Diese Rekordzahl dürfte bald wieder erreicht sein, denn Benediktiner-Superior Dr. Vermunt Hochreiter erzählte uns, daß seit der „Wende" Abertausende aus Böhmen und Mähren, aus Prag und Pilsen kämen, deren CSFR-Busse gelegentlich bis hinaus zum Erlaufsee geparkt werden müßten.

Wir starteten unsere Pkw-Fahrt auf den Spuren der alten Via Sacra im mittelalterlichen Perchtoldsdorf bei Wien (Autobahnausfahrt Pressbaum) und hörten dort in der Pfarrei, daß Touristen aus organisatorischen Gründen an der Fußwallfahrt n i c h t teilnehmen können.

Erster Halt nach der Fahrt durch den Wienerwald war das Zisterzienserstift Heiligenkreuz, gegründet 1135, mit einer meterhohen barocken Dreifaltigkeits-Säule, die sicher ihresgleichen sucht. Die Klostergaststätte im Schatten uralter Platanen könnte einem romantischen Gemälde

Ungarischer Gottesdienst vor dem Hochaltar: Seit der „Wende" kamen Abertausende aus dem ehemaligen Ostblock.

nachempfunden sein. Ein verrotteter Kreuzweg wurde gerade restauriert. Wenig später entdeckten wir an einem Marien-Bildstock neben der Straße den Hinweis (Weg Nr. 404) nach Altenmarkt und Kleinmariazell, nur ein kurzes Stück des alten Pilgerpfades. Beide Orte waren Raststätten, letztere eine als „Zell im Wald" von den Benediktinern Anfang des 12. Jahrhunderts gegründete Klosterkirche mit Wallfahrtsmuseum, leider geschlossen. In Kaumberg wanderten wir zur Ruine Araburg, die der Österreichische Touristenklub in seine Obhut genommen hat. Und in Lilienfeld faszinierten die in Schwarz-Gold gehaltene Stiftskirche der Abtei und ihr sehenswerter Kreuzgang. Mathias Zdarsky war hier zu Hause. Im Gasthaus zum Schützen ist dem Begründer der „Alpinen Lilienfelder Skilauftechnik" ein Zimmer mit wenig bekannten biographischen Dokumenten gewidmet.

Etwa ab Türnitz wird die Landschaft lieblicher und hügelig. Neu ist die Serpentinenstraße zum Annaberg, wo am Bergbauernkreuz die Pilger nach der letzten Rast ihre heimische Tracht anlegten und wo um die alte Annakirche herum ein „Zdarsky-Wander- und Skilauf-Zentrum" entstand. Der nächste, idyllische Wegabschnitt führt in Kehren hinab zur Joachimskirche und zuletzt zum vernachlässigten Gotteshaus am Josefsberg auf dem „Saurüssel", dem höchsten Paß Niederösterreichs. Vorbei am Erlaufsee unter der Bürgeralpe landeten wir schließlich in „Cella", bequemer als die Perchtoldsdorfer über die Via Sacra, die für ihre Wallfahrt vier Tage brauchten.

Hans Handl von den Burgenländer Wallfahrern hatte nach unserem Treffen vor der Gnadenmutter mehr getan, als wir erwarten durften. Er übergab uns seinen in Stichworten skizzierten Tourenbericht. Danach brachen die Pilger am ersten Tag um 4 Uhr früh in St. Margarethen auf und beendeten den ersten Abschnitt nach 44 Kilometern in Weikersdorf bei Wiener Neustadt. Anderntags zogen sie über Puchberg am Schneeberg (Römerweg) zum Gasthaus Mamauwiese weiter und wanderten am dritten Tag, nach dem Morgengebet beim Muttergottes-Marterl der Wallfahrer, zum Paß Gscheidl (1068 m), auf dem die Fußwallfahrer, wo immer sie auch herkommen, Erinnerungstafeln anbringen. Hier beginnt der Zeller Steig. Die letzte Nacht verbrachten sie im Gasthaus Triebl und erreichten nach anstrengendem Marsch am vierten Tag um 14 Uhr den Gnadenort.

„Ich bin nicht in der Lage, das in Worten wiederzugeben, was im Innern jedes einzelnen abläuft", erklärte der Mann aus dem Burgenland, als er uns seine Notizen in die Hand drückte. „Die gute Kameradschaft, Nächstenliebe und Hilfsbereitschaft lassen einen über die Blasen an den Füßen leicht hinwegkommen. Nun, wo wir - nach einer guten Beichte und Meßfeier - der Muttergottes unser Anliegen vorgebracht haben, fahren wir mit einem Gefühl, das unbeschreiblich ist und das nur der versteht, der dabei war, glücklich und froh wieder nach Hause..."

Wir taten ein übriges und wanderten noch durch das schöne Walstertal, nahe bei Mariazell, vorbei an einer überlebensgroßen, gußeisernen Kaiser-Franz-Josef-Statue und der modernen Bruder-Klaus-Kapelle, zum Hubertussee, an dem die Via Sacra aus Wien vorbeiführt.

Ausgangspunkt: Puchberg (Rax-Schneeberg-Gruppe/Niederösterreich), parken in Puchberg-Unterberg. **Gehzeiten:** ca. 12 Std.; Wegweiser Römerweg und Zellersteig, markiert (Nr. 206 bis Schwarzau im Gebirge, dann Nr. 406) bis Mariazell (Steiermark). Sieben Wallfahrtsmessen von Ostern bis Allerheiligen täglich.

Das spätgotische Gnadenbild im Prachtgewand.

41 Ein Bub starb auf der Flucht vor dem „Schwarzen Tod"

Totenkirchl am Schartl (2186 m)

Die Kapelle am Sattel: Im Süden zeigt sich die „Skyline"

Für den Besuch des „Totenkirchls" sollte man sich Zeit nehmen. Unter dem Villandersberg (2509 m), wo auf einem schmalen Sattel das schmucke Kapellchen mit dem merkwürdigen Namen steht, geraten selbst nüchterne Naturen ins Schwärmen. Über der sanften Hochfläche der Villandersalpe erstreckt sich am Horizont in voller Breite die „Skyline" der Dolomiten. Bequeme Höhenwege, alle um die 2000-Meter-Höhenlinie schwankend, wecken die Lust, über Tage hinweg hier herumzustromern. Nach Süden zum Beispiel, über die Große Froja und den Gasteiger Sattel zum Rittner Horn (2260 m), und nach Norden zur Wallfahrtskirche Latzfonser Kreuz unter der Kassianspitze (2581 m, siehe Tour 4).

Wir wählten als Ausgangspunkt Reinswald im Durnholzer Tal, ein Ort, der sich mit seinen Liften als Skiparadies in den Sarntaler Alpen durchgesetzt hat und trotzdem (zumindest bis jetzt) ein Bergbauerndorf geblieben ist. Nahe der Kirche entdeckten wir das erste Wanderschild „Zum Toten". Anfangs ging es durch schattigen Wald steil bergauf, vorbei an Schotterwällen (hier Weg Nr. 6 von Sarnthein). Etwas weiter oben ein zerzaustes Marterl, dessen primitiv geschnitztes Kruzifix uns rührte. Die erste Überraschung an einem Joch mit Gatter: unter uns wie blaue Himmelsaugen die Schwarzseen zwischen Sumpfwiesen und Latschen. Die zweite unter dem Steig hinauf zur Kapelle: neben Abraumhalden der gut erhaltene Eingang zu Bergwerksstollen, in denen im Mittelalter Kupfer, Blei und sogar Silber abgebaut wurden.

Wie kam es zu dem unheimlichen Namen der Kapelle? Keiner unserer Gesprächspartner wußte eine Erklärung –

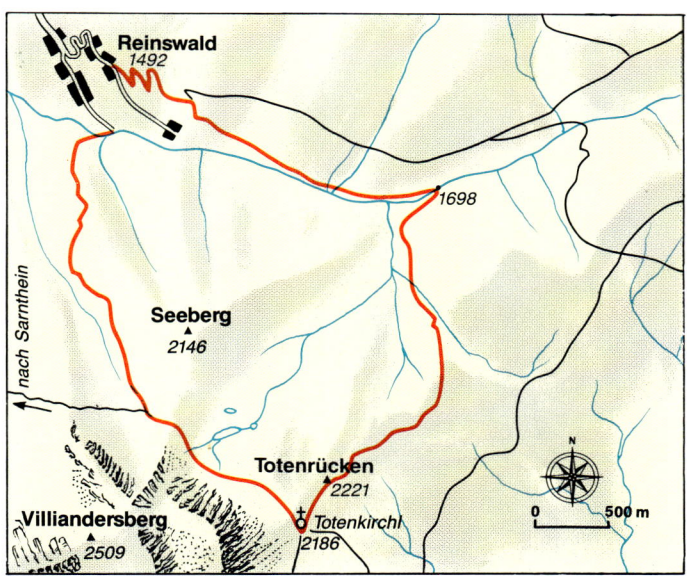

der Dolomiten, mitten darin der Rosengarten.

bis wir in einem Südtiroler Heimatkalender die Geschichte der „Pestkapelle am Schartl" fanden. Danach soll ein Hütebub, als die Pest im Eisacktal wütete, eines Tages gemerkt haben, daß der Schwarze Tod auch den Stogerhofbauern und seine Frau geholt hatte. In Panik wollte er über die Villandersalpe nach Reinswald fliehen, kam aber nur bis zum Schartl, unter dem die Bergwerke liegen. Dort sank er nieder und starb. Seine Leute errichteten an der Stelle eine Kapelle, und seitdem heißt die Gegend „Am Toten".

Wir saßen lange auf der Bank an der Kapelle. So wie sie dort steht, wurde sie 1861 eingeweiht, mit einer schönen Kreuzigungsgruppe im Innern. Rechts am Steinwall, den einst Hirten aufgeschüttet haben mögen, zweigt der Weg zur Sarner Scharte (1 ½ Std.) und nach Sarnthein ab (3 Std., Weg Nr. 6). Wir nahmen zurück nach Reinswald den Weg über den Totenrücken (2221 m).

Pfarrer Josef Mittelberger, der Reinswald und Durnholz seelsorgerisch betreut, erzählte uns, daß nur noch einmal im Jahr eine Messe für die Hirten gelesen wird. „Sie haben ja alle Mopeds und fahren damit zum Gottesdienst in ihr Dorf." Ein alter Mann meinte kritisch: „Die Leute haben heute alle verlernt, zu beten. Nach dem Krieg gab es noch viele Wallfahrten hinauf..."

Ausgangspunkt: Reinswald im Durnholzer Tal (Sarntaler Alpen/Südtirol), parken am unteren Wirtshaus Nähe Kirche. **Gehzeiten:** 2 Std.; Wegweiser und Punkte. **Wallfahrten:** Regional aus Villanders; Hirtenmesse einmal im Jahr.

Drei Brunnen bei Trafoi (1605 m)

42

Gletscherwasser aus dem Bauch des Ortlers

Drei Brunnen: Kleine Bergkirche am Talschluß.

Von allen „heiligen Wassern", die wir während unserer Wanderungen kosteten, waren die am Einsiedelbogen unter dem Stilfser Joch die frischesten. Dort kommen drei Gebirgsquellen direkt aus dem Gletscher, und „wer von den Prunen getrunken, ist von Fieber auch unterschiedlichen Krankheiten erlödigt und gesund worden in dissen wilden Gnadenorte", ein Zitat von 1526. Der Ursprung des Heiligtums reicht jedoch, mehr oder weniger nachprüfbar, bis ins 13. Jahrhundert zurück. Da erlebte der Viehhirte Moritz, zu Tode erschrocken, wie aus dem blanken Fels an drei Stellen Wasser brach und jede Quelle ein Kreuz hervorspülte. Mit dem Wunder kam der erste Einsiedler, ein Johannes de Grave. Ihm folgte nach Zeiten ohne Beurkundungen, als vermutlich Muren, Lawinen und Gletschervorstöße diesen wilden Ort verheerten, der nächste Eremit wieder Anfang des 18. Jahrhunderts; damals entstand auch die Urform der Kirche. Die Einsiedler mußten neben dem Kirchenamt den Schuldienst für das Dorf versehen.

Nirgendwo gibt es einen Wallfahrtsort wie diesen! Die propere Kapelle hat zwar vor Jahren eine Zufahrt bekommen, und in unmittelbarer Nähe entstand ein Erholungsheim für Polizisten. Das mindert jedoch nicht ihre phantastische Lage vor dem faltigen Klotz des langgestreckten Madratsch, um dessen Flanken der Trafoier- und der Madratschferner neben Lärchen und Zirben zu Tal gleiten. Darüber der Tabarettakamm mit dem Ortler (3899 m), der 1804 vom „Passeier Josele", nämlich Josef Pichler, erstmals bestiegen wurde.

Das Wasser, das hier fließt, kommt aus dem Innern des Ortler, lasen wir in einer Beschreibung. Es ist kalt im Sommer, im Winter jedoch kaum vereist; an seinen Rändern soll es dann sogar grün bewachsen bleiben! So entstehen Wunder und Quellenheiligtümer...

Wenn wir woanders das „heilige Wasser" in Becken vor dem Gotteshaus, in Bodenvertiefungen wie am Leobner Törl (Tour 32), in Felsschüsseln am Fuß einer Wand (Tour 20) oder, wie in Maria Schutz am Semmering, erst nach längerem Suchen hinter dem Altar fanden, so hat man hier extra ein Brunnenhäuschen gebaut. Das jetzige, neben der Kirche, ist ein schmucker Holzbau, der letzte einer Reihe von Vorgängern; Trafoier Kriegsteilnehmer haben ihn nach ihrer Heimkehr aus Dankbarkeit liebevoll hergerichtet. Ursprünglich standen dort auf Holzsockeln Statuen von Christus, Maria und Johannes, aus deren Brust durch Röhren die eiskalten Quellen flossen. Nun tragen sie illustrierte Tafeln mit erklärenden Texten zur Kreuzfindung, und das Wasser fließt in einen Trog zu ihren Füßen.

Die „Drei Brunnen" unter dem Stilfser Joch erzählen auch Geschichten vom Krieg. Dreimal hat die Muttergottes - davon sind die Trafoier überzeugt - den Einsiedelbogen vor Franzoseneinfällen geschützt. 30 Soldaten aus dem Veltlin „verlahnten", starben in Lawinen, bevor sie den Talschluß erreichten. Im Gebirgskrieg 1915 bis 1918 kamen die Trafoier nicht so gut weg, waren aber immer noch besser dran als die Tiroler in den Dolomiten. An

Aufstieg: Gletscher zwischen Lärchen und Zirben.

jedem Haus hatten die Bauern Bilder der Gnadenmutter angebracht und an die Standschützen und Kaiserjäger verteilt. Gelegentlich nahmen die Italiener das Dorf vom Tabarettakamm aus unter Beschuß, deshalb wurde es mitten im Krieg vollständig geräumt. Unweit der Kapelle versorgte eine Materialseilbahn die heimischen Truppen in den Felsenstellungen, so geriet auch sie ins Feuer: eine Granate durchschlug das Dach, explodierte aber nicht – die Gnadenmutter hatte sie beschützt! Solange Gottesdienste abgehalten werden konnten, „war der Gegner ritterlich genug, die religiösen Feiern nicht zu stören..."

Die Wallfahrtskirche zu den heiligen drei Brunnen hat indirekt auch mit dem Bau der Stilfser-Joch-Straße zu tun. Am Tabarettajoch, von der Payerhütte (3020 m) aus und 500 m über dem Einsiedelbogen, an der Berglhütte (2188 m), blickt man hinüber auf die kühne Streckenführung der Paßstraße. Es ist kaum zu glauben, daß die Trasse - natürlich zunächst für militärische Zwecke - schon in den Jahren 1820 bis 1824 gelegt und für den modernen Ausbau nicht verändert wurde. Die Straße blieb auch im Winter offen. Welche Erleichterung für die Wallfahrer aus dem Schweizer Münstertal, der Heimat des ersten Einsiedlers, Johannes de Grave, am Talschluß von Trafoi! Endlich hatte das bis dahin isolierte Dorf Anschluß an den Süden, und es geriet sogar in die Schlagzeilen der Weltpresse, als sich Henry de Tourville 1877 wegen Mordes vor dem Bozener Gericht verantworten mußte. Ausgerechnet auf der Jochstraße hatte der Edelmann seine Frau umgebracht!

Dann entdeckten auch Sommerfrischler die heiligen drei Brunnen. Alpinisten kamen und beteten hier vor großer Bergfahrt. Und lange noch zogen Wallfahrer vornehmlich aus dem Etschtal - aus Schlanders, Kortsch und Laas - zur Gnadenmutter von Trafoi.

Die Einheimischen halten an den überkommenen Gewohnheiten fest. Dazu gehört, daß sie die kostbar gekleidete Marienstatue, das Gnadenbild der kleinen Bergkirche, vor den Wintermonaten in ihre Pfarrkirche bringen.

Die Berglhütte (2188 m) unter dem Pleißhorn: Rastplatz für

Im Frühjahr wird sie dann, begleitet von allen Gemeinden des Tales mit ihren Musikkapellen, von Gläubigen aus dem Etschtal und sogar aus Meran, in feierlicher Prozession zurückgetragen. Pfarrer Vigil Klammsteiner, der seit mehr als zwei Jahrzehnten beide Gotteshäuser betreut, schätzt den Umzug auf 2000 bis 6000 Teilnehmer, je nach Wetter. „Das und die Vorliebe junger Paare, sich hier vor der Kulisse der Ortlerberge trauen zu lassen, hält die Wallfahrt im ursprünglichen Sinne lebendig", sagte er, als wir nach einer Andacht mit ihm ins Gespräch kamen.

die Rundtour und den Übergang zur Payerhütte (3020 m).

hinterlassenen Erbschaften an die Kirche fallen und die Priester nicht mehr besoldet werden, wenn sie über Einkünfte verfügen. Die anderen nehmen für eine Messe zehntausend Lire oder mehr, das liegt in ihrem Ermessen, und bekommen ein Zugeld, das zum Leben reicht."

Vigil Klammsteiner, ein forscher Fünfziger, riet uns, zur Berghütte hinaufzugehen und vielleicht über die schon lange verfallene Edelweißhütte nach Trafoi wieder abzusteigen.

„Nehmen Sie aber auf keinen Fall den einstigen Fernerweg zurück! Der ist zwar immer noch auf alten Karten, kann aber schon lange nicht mehr begangen werden..."

Ausgangspunkt: Trafoi am Stilfser Joch (Ortlergruppe/Südtirol), parken am Campingplatz (auch mit Pkw fast bis zur Kirche), **Gehzeiten:** ½ Std.; zur Berghütte (2188 m) ab Kapelle 1 ½ Std.; Wegweiser und Punkte.
Wallfahrten: Pfingstmontag Prozession mit der Gnadenmutter zur Kirche, am letzten Sonntag im September ihre Einholung nach Trafoi.

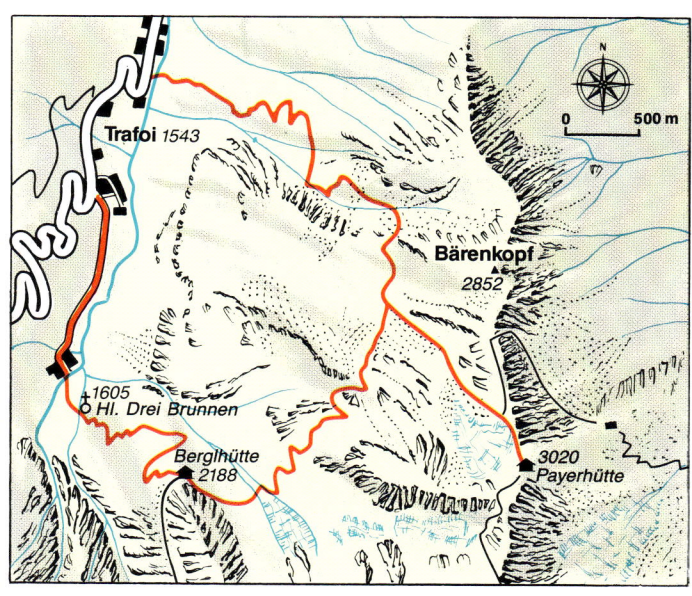

Klammsteiner hat ein ganz persönliches Verhältnis zu seinem Amt. Als begeisterter alpiner Skiläufer und Skilehrer studierte er – „eigentlich logisch", meinte er – zunächst Sport. Erst danach begann er ein Theologiestudium. „Warum? Weil ich dachte, der Schulbetrieb kann doch nicht alles sein für ein ganzes Leben!" Seit er in Brixen zum Priester geweiht wurde, führt der Pfarrer ein zweites Leben in Trafoi. Unentgeltlich. „Das ist so seit dem Konkordat von 1987", erklärte er als Antwort auf unsere ungläubigen Fragen. „Es bestimmt, daß alle dem Widum

43

Der Erzbischof befahl den Abriß der Kirche

Maria Elend von Embach (1220 m)

Kaum hatte die Bevölkerung des Erzstiftes Salzburg die Vertreibung der Protestanten, nach dem Emigrationsedikt von 1731, verdaut und sich die meisten der vertriebenen „Lutherischen" in Ostpreußen angesiedelt, gab es neue Probleme. Dem regierenden Landesfürsten Hieronymus Graf Colleredo wurde der nun aufbrechende Glaubenseifer seiner Landeskinder unheimlich. Noch vor der von den Franzosen verfügten Säkularisation (1802) erließ der Erzbischof Aufhebungsdekrete für einige Gnadenorte. 1783 traf der Bannstrahl die Wallfahrtskirche Maria Elend in Embach, zwei Jahre später wurde sie dem Erdboden gleichgemacht.

Embach, eines der Dörfer auf der fruchtbaren Hochebene zwischen Rauriser und Gasteiner Tal, war noch vor wenigen Jahren isoliert. Nun gibt es eine ausgebaute Straße zwischen den beiden Tälern, ohne daß die Ortschaften Schaden genommen hätten. Ausgangspunkte sind Taxenbach auf der einen und Lend auf der anderen Seite, beide an der Salzach. Trotzdem ist Embach „Sommerfrische" geblieben, mit zwei netten Schleppliften für den Winter. Aus Taxenbach stammte die Stifterin der geschleiften Wallfahrtskirche, Ursula Peningerin. Die Frau fand ihr beim Beerensuchen verlorengegangenes blindes Kind oberhalb des Dorfes wieder und ließ aus Dankbarkeit eine „anständige" Kapelle bauen. Die Stiftungsurkunde von 1552 wird im Taxenbacher Pfarrarchiv aufbewahrt, auch das „Mirakelbuch" mit Gebetserhörungen von 1628 bis 1767. Die Embacher Schmerzensmutter hatte aus der Bevölkerung so großen Zulauf, daß man ihr anstelle der Kapelle 200 Jahre später eine Kirche weihte. Warum nur erregte gerade sie den gnadenlosen Zorn des Erzbischofs?

Der Grund dürfte sein, daß die Wallfahrt aus dem Salzachtal gewaltige Ausmaße erreichte. Jährlich zählte man bis zu 40 000 Pilger, 15 000 Kommunionen wurden verabreicht und 1000 Messen gelesen. Deshalb holte man einen Priester und baute ihm extra eine Wohnung im Meßnerhaus, sogar ein Krämer für Devotionalien und sonst aller-

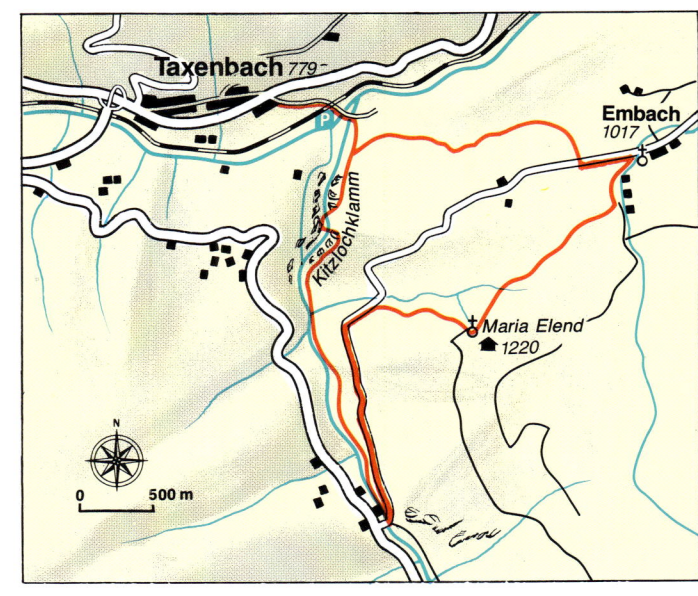

Kapellenschicksal: von einer dankbaren Mutter gestiftet, vom Bischof niedergerissen, später wiederaufgebaut.

lei durfte sich niederlassen. Diesen Auswüchsen wollte Colleredo Einhalt gebieten. So kam es zu dem „Vernichtungsdekret..., ein Heldenstück der Aufklärung".
1803 mußte der Erzbischof vor den Franzosen fliehen, er war der letzte geistliche Landesfürst. Erst vier Jahrzehnte später wurde die Gnadenkapelle, als Rundbau, wieder aufgebaut.
Im einstigen Meßnerhaus etablierte sich ein Wirt, Gasthaus blieb es bis auf den heutigen Tag.
Wir waren durch die Kitzlochklamm nach Embach gewandert. Diesen Weg nahmen, seit er 1877 in voller Länge begangen werden konnte, die Prozessionen aus Taxenbach, kaum mehr als 2000 Pilger jährlich. Die Klamm geriet 1974 in die Weltpresse, als beim Bruch eines Geländers acht Schülerinnen einer deutschen Feriengruppe auf schreckliche Weise zu Tode kamen. In der Kapelle sahen wir noch viele Votivtafeln und den Grabstein der „Capellen"-Stifterin Ursula Peningerin. In einem Glaskasten „Geweihte Automedaillen für 35 ÖS" und „Wundertätige Medaillen für ÖS 6" - ein Vermächtnis des Krämers, zu erwerben nebenan im Gasthaus Maria Elend. Zwei Bäuerinnen mit Zopfkranz beteten versunken vor der Kopie der Gnadenstatue; das Original hatten die Embacher vor Colleredos Abrißbefehl in ihre Pfarrkirche gerettet, wo es immer noch ist.

Ausgangspunkt: Embach (zwischen Rauriser Tal und Klammpaß/Salzburger Alpen), parken im Ort. **Gehzeiten:** ½ Std.; Wegweiser. (Variante: Von Taxenbach im Salzachtal durch die Kitzlochklamm ca. 2 Std.) (Weg Nr. 4). Gottesdienste: 9.00 Uhr jeden Samstag von Mai bis zum zweiten Goldenen Samstag im Oktober.

Die Kaltenbrunnkirche vor der Schweikertwand.

Maria Himmelfahrt bei Kauns (1260 m)

44

Eisfrei über das Wallfahrtsjöchl zum Gnadenort

Die Recherchen zu diesem Buch waren häufig genug schwierig und langwierig. In der meist nur auf religions- oder baugeschichtlichen Details beschränkten Literatur fanden sich, mit wenigen Ausnahmen, keine Angaben über genaue Standorte. Bestes Beispiel: „St. Anna auf dem Matzenberg" in Kärnten (Tour 33). Bitteschön: in der Nähe welcher Stadt, über welchem Tal? Langes Kartenstudium stand nicht nur hier am Beginn weiterer Nachforschungen bei Stadtarchiven, Pfarr- oder Diözesanämtern.

Mehr durch Zufall entdeckten wir dabei auf einer topographischen Karte des Ötztales das „Wallfahrtsjöchl" (2770 m) und daneben das „Wallfahrtsköpfl" (2850 m) zwischen Pitztal und Kaunertal. So begann die Geschichte über die Gnadenmutter von Kaltenbrunn – zunächst mit Briefen. Der Fremdenverkehrsverband Kaunerberg antwortete auf unsere Bitte um Unterlagen, „leider sind wir nicht sehr fündig geworden... Das Wallfahrtsjöchl wird als solches heutzutage nur mehr sehr selten von einzelnen Personen benützt".

Ganz anders die Antwort aus dem Pitztal. Klaus Strobl, Oberförster i. R. aus St. Leonhard und Ortschronist, teilte uns mit, daß „die Benennung auf einen viel begangenen Wallfahrtsweg zur Marienwallfahrtsstätte Kaltenbrunn im Kaunertal zurückgeht. Die Bewohner der Ortschaften von Scheibrand bis Weixmannstall benützen ihn auch heute noch. Der Weg führt von der Kirche St. Leonhard über die Tiefentalalm oder über die Neubergalm zum Jöchl". Der pensionierte Förster erwähnte weiter, daß die Bezeichnung „Wallfahrtsweg" eigentlich nicht korrekt sei und es sich auf Pitztaler Seite und auch drüben mehr um „markierte Steige" handele und – ohne Jause und Gebetsrasten – mit einer reinen Gehzeit von sechs bis sieben Stunden gerechnet werden müsse. „Die Wallfahrten sind an keinen Tag gebunden. Man bestimmt für einen schönen Sommertag den Termin im Pfarrgemeinderat und bestellt für die Rückfahrt einen Bus", schrieb Klaus Strobl am Ende seines langen Briefes.

Nun war es ein leichtes, mehr über den Wallfahrtsort zu „Unserer lieben Frau Maria Himmelfahrt zwischen den Siedlungen Grimming (Grünig) und Nufels am Bach beim Kalten Brunn" zu erfahren. Schon seit dem 13. Jahrhundert soll er beurkundet sein, obwohl die erste Kapelle anno 1483 abbrannte. Die Statue mit dem Jesuskind blieb unversehrt und fand bald Aufstellung in einer gesonderten Gnadenkapelle mitten im Schiff der neuen Kirche, die wegen der unverdrossen fortdauernden Pilgerzüge bald nach dem Brand an gleicher Stelle errichtet wurde. Später wurde sie „barockisiert", das heißt, kostbar gekleidet und gekrönt.

Eine der Entstehungslegenden weiß von einem Edelmann namens Schenkenberg, der 1273 als Büßer an den „Kalten Brunnen" kam, weil er anläßlich eines Turniers in Mailand seinen Gegner tötete. Er errichtete die erste steinerne Kapelle für das Gnadenbild. Diese Muttergottes-Statue haben Hirten unter Roggen und Weizen gefunden – wieder eine Legende? Der unfreiwillige Mörder liegt angeblich in Kauns begraben.

Blick auf die grüne Schneise des Kaunertales.

Keine Legende scheint aber zu sein, daß ursprünglich mit dem Plazet von Kaiser Friedrich III. (1415-1493) in Kaltenbrunn ein „großes Münster" gebaut und mit sieben Priestern für die zahllosen Wallfahrten besetzt werden sollte, einschließlich eines Asyls für Flüchtlinge mit der „Aufenthaltsdauer von jeweils sechs Wochen und zwei Tagen". Vermutlich waren diese Pläne eine Nummer zu groß. Anstelle des Münsters entstand die ursprünglich spätgotische Kirche, für deren Ausgestaltung spätere Generationen viel Liebe und Phantasie aufbrachten.

Diesen Ort kennenzulernen, machten wir uns eines Septembertages auf den Weg ins Kaunertal. Noch vor dem Hauptort Feichten, lange vor dem Talschluß am Gepatsch-Stausee mit den berühmten Gletscherspitzen des Weißkammes und fast schon historischen Alpenvereinshütten, zweigte bei Nufels die Asphaltstraße nach Kaltenbrunn ab. Morgens schien uns das Wetter nicht besonders günstig, doch als wir, überrascht von der Pracht der Anlage, den Kirchplatz betraten, blitzten die ersten Sonnenstrahlen aus dichten Wolkenbänken hervor. Ein gutes Omen - sollten wir heute schon über das Wallfahrtsjöchl ins Pitztal wandern?

Im Verlauf der Besichtigung fanden wir alle Angaben über Baulichkeiten und Ausschmückung des Gotteshauses bestätigt: mitten in der Kirche das vergitterte Rondell für das Gnadenbild. Deckenfresken vom Anfang des 18. Jahrhunderts des einheimischen Künstlers Franz Laucas mit Szenen der Wallfahrtsgeschichte und auf einem Steckrahmen Votivbilder, viele in rührend naiver Malerei. Vor der großen Bildstock-Kapelle mit Jesus als Kreuzträger, draußen neben der Kirche, versammeln sich vermutlich die Pilger zu einem ersten Gebet.

Nicht sicher, das Tagesziel drüben im Pitztal noch erreichen zu können, nutzten wir die Gunst der Stunde für den Aufstieg, obwohl der Wetterbericht Schnee bis 1700 m herab angesagt hatte. Daß in Richtung Wiesenhof der Güterweg staubfrei ausgebaut ist, war unseren

Das Wallfahrtsjöchl lag noch verborgen hinter dem Stock

Karten nicht zu entnehmen. In einer weitgezogenen Kehre der erste Hinweis zum Wallfahrtsjöchl (4 bis 5 Std., Weg Nr. 13). Gut gelaunt wanderten wir über stille Waldwege, genossen den Blick auf die grüne Schneise des Kaunertales zwischen bewaldeten Höhenzügen, zwängten uns durch hüfthohes Grünzeug neben dem talwärts stürzenden Gallruttbach und erreichten nach einer guten Stunde die gleichnamige Alm (1980 m). Mehr Zufall, daß er heute da sei, sagte ein Mann aus dem Tal, der Bier anbot, und Touristenlager gäbe es nur im Sommer. Erst oberhalb der Alm lag die Baumgrenze, und vor schon ockerfarbenen Wiesenhügeln sahen wir die Felskulisse der beiden Dristkögel, zwischen ihnen die Dristkogelscharte. Das Wallfahrtsjöchl lag noch verborgen hinter dem Stock des Wallfahrtsköpfl. Unser Höhen-

des Wallfahrtsköpfls. Es begann, kalt zu stürmen ...

Anderntags hatten wir Pech. Das Pitztal versank in dichten Nebelschwaden, und es regnete. An der eingerüsteten Pfarrkirche von St. Leonhard und im ausgeräumten Kirchenschiff hantierten Handwerker. Unter herabfallendem Putz schienen alte Fresken auf. Unsere Stimmung sank auf Null. „Im November soll hier alles fertig sein", meinte ein Maurer, es klang nicht überzeugend. Draußen am Schwarzen Brett ein Anschlag: „Samstag, 15. September, Wallfahrt nach Kaltenbrunn, nur bei gutem Wetter, Abmarsch 6 Uhr am Widum, Rückfahrt mit Bus." Daraus ist sicher nichts mehr geworden.

Ausgangspunkt: Kaltenbrunn im Kaunertal (Ötztaler Alpen/Tirol), parken in einer Kehre Richtung Wiesenhof. **Gehzeiten:** 4 bis 5 Std. bis Wallfahrtsjöchl; nach St. Leonhard im Pitztal über Tiefentaler (1880 m) oder Arzler (1875 m) Almen, beide mit Lagern ca. 3 St., Wegweiser und Punkte. **Wallfahrten:** Pfingstdienstag von den umliegenden Pfarren; Gottesdienste an den Marientagen.

messer zeigte 2500 Meter an. Es begann, kalt zu stürmen. Wir zogen Mütze und Handschuhe über, berieten uns - und kehrten um.

Im schmucken Wallfahrts-Gasthaus (keine Übernachtung) hörten wir, daß der Pfarrer aus St. Leonhard diesmal noch nicht gekommen sei. Es war spät geworden, und wir brauchten ein Quartier. Doch wir hatten Glück und landeten im nahen Gasthaus Krone, dessen Wirtin Gertrud Wieser sich gut auskannte und erzählte, daß Pilgerbusse von weither den Gnadenort ansteuern. Nur der Pfarrer von Wenns, am Anfang des Pitztales, wandert noch traditionell jeden Pfingstdienstag mit seinen Kommunionskindern über die Pillerhöhe und den Kaunerberg zu „Maria Himmelfahrt". Diese schöne Höhenstraße ist erst seit kurzem voll befahrbar.

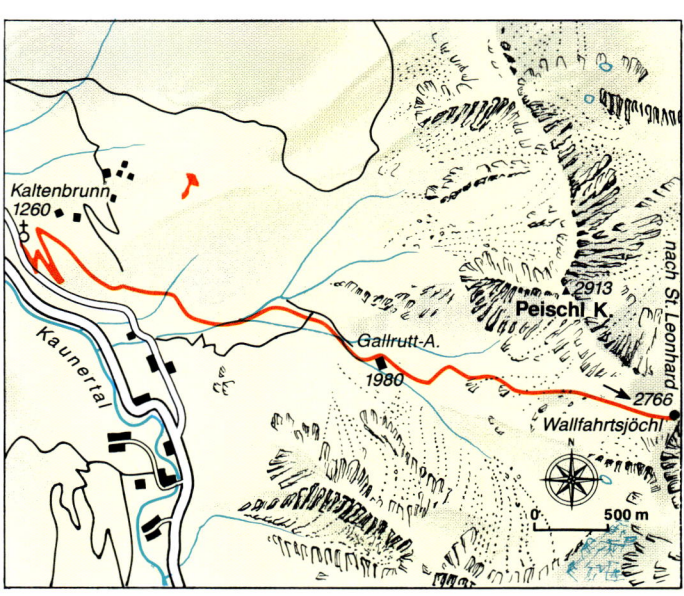

45

Agathakirche am Kristberg (1430 m)

Heimat für die letzten Walsertrecks

Die Knappenkirche auf dem Kristberg ist nicht nur die älteste im Montafon, sondern auch ein sakrales Schmuckstück, dem die komplette Erschließung des Silbertales bei Schruns nichts anhaben konnte. Papst Johannes XXIII. trug man einst von Dalaas aus dem Klostertal wegen einiger Pestfälle vorsorglich über den Kristbergsattel (1486 m) nach Schruns, als er anno 1414 zum Konstanzer Konzil reiste. Aber nicht deshalb wählten auch wir diesen Weg zum Agatha-Kirchlein: in Dalaas bemüht man sich um sanften Tourismus. Die neue Arlbergstraße stört nicht, kein Lift verkürzt den Aufstieg durch den Gemeindewald, und wer bequem wandern will, wählt den Forstweg. Daß auf dem Lande nicht nur Deppen aufwachsen, beweist die Karriere von Johann Christian Strolz, der von Kaiser Karl VI. im März 1731 für seine Verdienste als königlich-böhmischer Fiskalminister in den Ritterstand erhoben wurde. Er stiftete seinem Dorf die Heiligkreuzkirche, für die man dann die „erste Orgel mit zehn Registern zwischen Bludens und dem Arlberg" bestellte. Gegenüber im Gasthaus Zur Post wechselte man, nach dem Ausbau der Arlbergstraße Anfang des 19. Jahrhunderts, die Pferde. Weiß Gott, wer alles von den Dichtern und Denkern der Romantik, als Bildungsreisen en vogue waren, dort Station gemacht hat!

In Dalaas vor dem Arlberg endeten die letzten Trecks der Walser aus dem Schweizer Kanton Wallis. Wer von ihnen im Klostertal keinen Grund mehr fand, landete im Silbertal, das lange rein walserisch blieb. Zunächst ließen sie sich auf der Sonnenseite des Kristberges nieder und lebten nicht schlecht durch die reichlich vorhandenen Silbererzvorkommen. Sie wurden Knappen, das ist seit 1319 dokumentiert.

Wann sie auf dem Kristbergsattel ihre eigene Kirche bauten, ist dagegen umstritten. Eine Quelle erwähnt sie um 1450, die andere weiß, daß die „Basilica seu Capella Muntafun" 1375 geweiht wurde und die Silbertaler Walser 100 Jahre später aus Sitten im Rhonetal Reliquien ihres Stammesheiligen St. Theodul holten, beurkundet vom 6. September 1462.

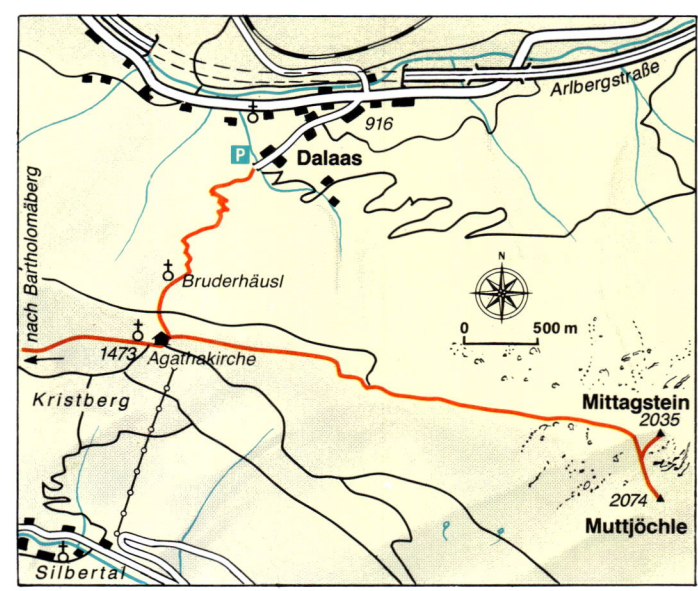

Vom Agathakirchlein, hoch über dem Silbertal, blickt man auf Sulzfluh und Zimba (2624m, rechts).

Für den Erhalt des Gotteshauses ist in den nachfolgenden Jahrhunderten viel geschehen. Eine Vorhalle schützt vor Regen und Schnee; hier ist die Geschichte des Erzabbaus und der Kirche überschaubar dargestellt. Die Pracht im Innern überrascht, besonders die alte Holzdecke. Links vom Chorbogen mit dem gotischen Flügelaltar ist nun der barocke einstige Hochaltar aufgestellt. Neben der Rosenkranz-Madonna hat der Künstler auf Konsolen kleine Statuen der heiligen Agatha und Magdalena angebracht. Agatha ist die Patronin der Knappen und ihrer schönen Kirche. Sie war auch das Ziel von Wallfahrern ihrer Zunft.

Beim Aufstieg von Dalaas fiel uns am steilen Waldpfad, kurz vor dem Sattel, eine ziemlich mitgenommene Bildstockkapelle auf. Sie ist alles, was vom „Bruderhäusl" des Einsiedlers Joss Erhard aus „Talas" (Dalaas) übrigblieb. Der „Frater" gründete um 1500 eine Bruderschaft der Walser Bergleute. Welche Bedeutung ihr zukam und wie viele Knappen ihr angehörten, läßt sich daraus schließen, daß allein 400 der Brüder an der Pest starben.

Über das Silbertal und seine Schattseite hinweg blickt man vom Kristberg auf Sulzfluh (2818 m) und Zimba (2624 m), die wie ihre Nachbarspitzen Drusenfluh und Schesaplana das Montafon und Rätikon schon vor der Jahrhundertwende für den Tourismus attraktiv machten. Vom Sattel aus geht man etwa zwei Stunden zum Mittagstein (2035 m) - ein netter Abschluß dieser Tour.

Ausgangspunkt: Dalaas im Klostertal (Montafon/Vorarlberg), parken am Campingplatz (auch Seilbahn aus dem Silbertal bei Schruns) **Gehzeiten:** 1 ½ Std., Weg Nr. 4. Gottesdienst: 5.2. Patrozinium (Agatha).

Maria Weißenstein: Man sollte sich Zeit nehmen und erst nach Andacht und Besichtigung zur Wanderung aufbrechen.

46

Maria Weißenstein (1527 m) am Weißhorn

Perfektes Management bei den Serviten

Dieser wohl berühmteste Ort der Marienverehrung in Südtirol verblüfft zunächst durch seine imposanten Baulichkeiten. Die Klosterkirche wirkt mit ihren Türmen und Türmchen, mit dem architektonisch gelungenen Treppenaufgang mehr wie ein weltliches Schloß. Wer allerdings neugierig durch den Rundbogen den düsteren Raum unter der Balustrade betritt, wird eines Besseren belehrt: wir befinden uns an einem heiligen Ort, in einer katakombenähnlichen Gruft, in der seitlich im Gemäuer die Gebeine der Äbte und Patres des Servitenordens aufbewahrt werden. Das Kloster wurde erst etliche Jahrzehnte nach der Kirche, Anfang des 18. Jahrhunderts, gebaut. Für Weißenstein sollte man sich Zeit nehmen und erst nach Andacht und Besichtigung in das schöne Wandergebiet um Weiß- und Schwarzhorn (2317 m und 2439 m) ausschwärmen. In diesem Wallfahrtsort ist Superlativ an Superlativ gereiht.
Zunächst die Legenden: die des geisteskranken Bauern Leonhard, der nach einem Sturz in die Schlucht bei „Weizenstain" gerettet und geheilt wurde; aus Dankbarkeit baute er im Jahre 1533 eine Kapelle und fand im Aushub das Gnadenbild, eine nur 16 cm große Pietà aus Alabaster. Oder die der Ritter, die ihre Pestgelöbnisse nicht einhielten und nun als Geister umherreiten. Eine Frau aus Bozen soll sogar sieben Jahre lang als Kröte nach Weißenstein gekrochen und bei ihrer Ankunft erlöst worden sein...
Der Ruf des wundertätigen Gnadenbildes verbreitete sich rasch. Wallfahrten aus dem Etschtal zogen besonders von Leifers (alter Kreuzweg über „Halbweg" und „Dreiviertelweg", 4 St.) und von Aldein (mit Deutschnofen beide heute noch Fußwallfahrten) bis zur Aufhebung 1787 in großer Zahl zum Gnadenort. Die Serviten wurden vertrieben, die Klostergebäude als Lagerräume entheiligt, bis der Orden nach 50 Jahren zurückkehren durfte. Die Alabasterstatue hatte man nach Leifers retten können, wo sie in der Pfarrkirche für immer eine neue Heimstatt fand. Weißenstein heute? Man fährt von Auer im Etschtal, über Aldein und Deutschnofen, durch die sprichwörtliche

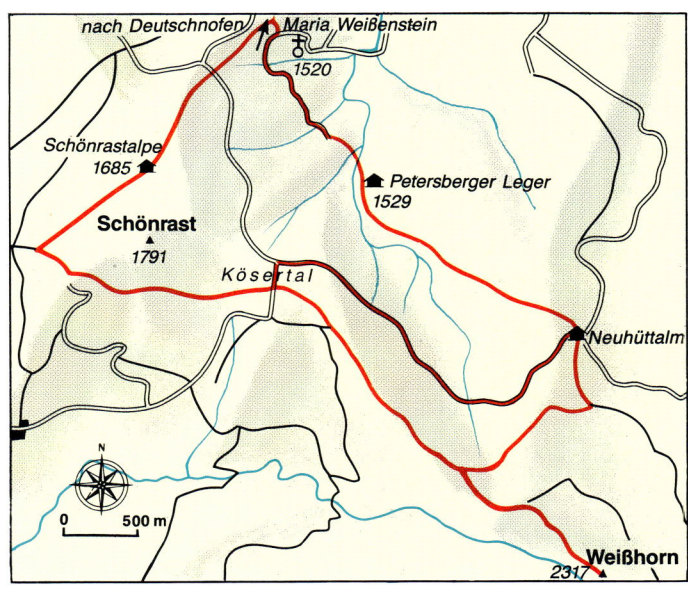

Südtiroler Bilderbuchlandschaft bis vor die Tore des Wallfahrtsortes, der mit riesigen Parkplätzen auch den stärksten Ansturm von Bussen und Pkw bewältigt. Seelsorgerisch betrachtet, ist Weißenstein - anders als das Servitenkloster in Maria Waldrast (Tour 3) - fest in italienischer Hand. Die Patres wenden sich per Plakat an den „verehrten Wallfahrer" mit der Bitte, doch zu beachten, daß „du heiligen Boden betrittst. Daher ersuchen wir dich, dich um Sammlung und Gebet zu bemühen, um angebrachte Kleidung ... und jeden Lärm zu vermeiden." Sie werden mit dem Ansturm der Touristen halt ihre Erfahrungen gemacht haben.

Die Kirche ist im Innern, je nach Sonneneinfall, in geheimnisvolles Dunkel getaucht. Zwischen den Säulen des Hochaltars ist nur eine winzige, mit rotem Samt ausgeschlagene Nische mit der Kopie des Alabaster-Gnadenbildes erleuchtet. Wer hier zu früher Stunde eintritt, wird zünftig zum Wandern gekleidete Andächtige versammelt finden, wie überhaupt am Morgen mehr Muße für die Superlative ist, von denen wir anfangs sprachen.

Da sind zunächst in einem Seitentrakt fünf gediegene Zirbelholz-Stübchen für seelsorgerische Gespräche in deutscher, englischer und italienischer Sprache. Sie werden in einem rezeptionsähnlichen Devotionalienstand angemeldet, an dem auch Gutscheine für Messen erworben werden können. Zugegeben: hier herrscht perfektes Management, und unser Gesprächspartner, Pater Josef Corradi, hatte wenig Zeit. Aber wen wundert das beim Bekanntheitsgrad dieses Ortes, dem Papst Johannes Paul im September 1987 vor Tausenden von Gläubigen die Ehre erwies?

Mehr jedoch als alles, was wir bis dahin gesehen hatten, beeindruckte die Fülle von Votivbildern, abgelegten Krücken und Stützkorsetts, die über zwei Stockwerke hinweg und überall, wo auf den Gängen noch Platz ist, zur Schau gestellt werden. Anscheinend fürchten die Serviten sich weniger vor Dieben als der Pfarrer von Maria Kirchental (Tour 6), der uns die Besichtigung seiner

Über Stockwerke und Gänge verteilt sich die Sammlung

Exvoto-Sammlung versagte und seinen „Votivführer" aus Sorge vor Räubern nicht mehr drucken läßt.

Wieviele Männer und Frauen haben ihre Sorgen, die Freude nach überstandener Gefahr hierher getragen! Anton Kaufmann dankt für „Errettung von dem Automobil Unfall bei Pedrazzo am 18. Dezember 1910", ein Mann aus Hafling für des Bruders „Heimkehr von der Somalifront, Ostafrika 1937". Giovanni Veresco geriet zwischen zwei Güterzüge mit Langholz und überlebte, und manches naive Schlachtengemälde haben Kriegsteilnehmer und Gefangene nach der Heimkehr von der Ostfront im

von Votivbildern, abgelegten Krücken und Korsetts.

Rast unterm Weißhorn, das eher schwarz wirkte.

letzten Krieg der Gnadenmutter von Weißenstein gebracht.

Hier wirkt alles perfekt. Im Klostergasthaus sorgt man für Speis und Trank, auch für einen geruhsamen Schlaf. Im bäuerlichen Hof steht für alle Fälle ein überdachter Altar für Freiluft-Gottesdienste bereit. Ein eigenes neues Gebäude nimmt Selbstversorger-Pilger auf, im Souterrain informiert ein Museum über die Geschichte der Wallfahrt, sanitäre Anlagen runden den Zweckbau ab.

Wir wanderten nach all den Superlativen vergnügt durchs einsame Kösertal und wunderten uns, daß das Weißhorn eher schwarz wirkte, genossen den Blick auf Latemar und Rosengarten und schlenderten über den Petersberger Leger zurück zum Parkplatz.

Ausgangspunkt: Deutschnofen (Petersberger Wald/Südtirol), parken in Weißenstein. **Gehzeiten:** Für Rundwanderung 3 ½ Std.: Wegweiser Schönrastalm, Kösertal, Neuhüttalm und Weg Nr. 2 über Petersberger Leger. **Wallfahrten:** Zu Fuß nur noch von Leifers (Kreuzweg, 4 Std.), Deutschnofen und Aldein; Wallfahrts-Gottesdienste an den Marienfesten und 26.7. (Gnadenbildauffindung).

Sie waren nachts in Maria Alm aufgebrochen. Als sie am Riemannhaus ankamen, färbten sich die Kalkwände des Breit-

Bartholomä-Wallfahrt ab Alm (2177m)

47 Pilgern über das Steinerne Meer zum Königssee

Der Landschaftschronist Franz Vierthaler (1758-1827) muß gut in Form gewesen sein, als er über das Steinerne Meer in den Berchtesgadener Alpen wanderte. Er beschrieb es als „ein Felstheater wunderbarer Art - jedes Geklüft, jede emporragende Klippe scheint ausgespült, in die verschiedenen Formen zersägt". Vermutlich ist er durch den Krallenwinkl von Maria Alm über die Buchauer Scharte hinaufgestiegen, den Steig über die Ramseiderscharte gab es noch nicht. Der war nur für „gewappelte Schwärzer und Wilderer auf allen vieren" möglich, bis man 1876 dem Bärenstich (Bärensteig) Stufen und Seile verpaßte. Das anfangs recht bescheidene Riemannhaus (2177 m) knapp hinter der Scharte baute der Alpenverein 1885 als 23. Schutzhaus in den nördlichen Ostalpen. Seitdem beginnt hier, Samstag nach dem Bartholomäus-Tag, alljährlich und bei jedem Wetter, mit einer Bergmesse die Wallfahrt über das „Felstheater" nach St. Bartholomä am Königssee.

horns von der aufgehenden Sonne rötlich.

Vierthaler kannte sich aus: „St. Bartholomä gleicht einer

Insel im stillen Meer. Ungeheure Gebirge ... und ein 600 Fuß tiefer See halten es von der übrigen Welt abgesondert. Dennoch findet man am Feste des Apostels das einsame Eiland ganz mit Menschen bedeckt. Sie kommen aus Klüften und Schründen heraus, wo selbst Thiere nicht ohne Gefahr wandern können ..."

Der Gang über das Steinerne Meer gehört zu den Höhepunkten unserer Wallfahrtswanderungen. Obwohl jetzt von Maria Alm bei Saalfelden in aller Herrgottsfrühe Kleinbustaxis zum Riemann-Parkplatz (1162 m) in der Stäbler Au starten, stiegen wir schon am Vortag auf. Natürlich war die Hütte mit 250 Personen total überbelegt, jedoch hatte der Hüttenwirt alles im Griff - Kompliment! Jeder fand sein Plätzchen, für das leibliche Wohl war gut gesorgt. Abends saßen fast alle vor der Hütte, unten im Tal die Lichter von Maria Alm. Einige Bläser der Almer Musikkapelle spielten auf, während hinter den Bergen - mit Groß- und Kleinvenediger - die Sonne unterging.

Die „Barthlmä"-Wallfahrt - wie Kenner sie abgekürzt nennen - beruht nicht auf Legenden. Keine Marienstatue, die man in einer Felsnische fand, kein Hirte, der auf wundersame Weise gerettet wurde. Überliefert ist dagegen, daß einige Pinzgauer, die den Schwarzen Tod überlebten, in der Totenstille ihrer Dörfer über das Gebirge hinweg den feinen Klang einer Glocke vernahmen. Sie deuteten ihn als himmlisches Zeichen und gelobten, alle sechs Jahre über das Meer aus Stein „zu St. Barthlme walfahrthen". Eine Katastrophe brachte das Gelöbnis in aller Munde. In den Sterbebüchern einiger Gemeinden ist nachzulesen, was im August 1688 geschah. Allein von Maria Alm kamen zwölf Leute um, als ein „baufelliges" Schiff schon beim Ablegen in St. Bartholomä im Königssee versank. Von etwa 100 Pilgern konnten sich nur 30 retten; also muß es damals ungefähr 70 Tote gegeben haben.

Heutzutage ist die lautlose Elektro-Flotte auf die „Waller" eingestellt. Man muß sich zwar geduldig in die Warteschlange an der Schiffslände einreihen (und in Königssee

Die Felsarena füllte sich. Vor dem Altar nahm die Blas-

kapelle Aufstellung, und als Pfarrer Kitzbühlter neben das Kreuz trat, wurde es totenstill.

Der Pilgerzug kroch wie ein „Tatzelwurm" durch das Steinerne Meer, vorüber an Höhlen und Dolinen...

am verabredeten Platz auf die Extrabusse für die Rückfahrt über die deutsch-österreichische Grenze warten). Aber im Prinzip ist alles wohlorganisiert - ausgerechnet von der Musikkapelle Maria Alm! Die Männer hatte es „gewurmt", daß wegen der politischen Verhältnisse lange vor dem letzten Krieg die Wallfahrt verboten und schließlich in Vergessenheit geraten war. 1951 hielt man die Grenze zum deutschen Nachbarn am „Unteren Baumgartl" mitten im Gebirge noch fest geschlossen, aber den unverdächtigen Bläsern gewährte man, bei strengen Auflagen, nach langen Jahren endlich wieder das „Barthlmä-Gehen". Die Grenzer drückten hüben und drüben beide Augen zu und stehen seitdem alle Jahre wieder zum Empfang der Pilger mit Schnaps-Stamperln bereit, nun schon in der zweiten Generation.

Wir gehörten zu den ersten, die sich am nächsten Morgen in der überfüllten Hütte rührten. Ein wunderschöner Tag! Der klobige Sommerstein (2308 m) in unmittelbarer Nähe des Riemannhauses warf seinen Schatten wie einen dicken schwarzen Klecks auf die faltigen Kalkwände des Breithorns gegenüber, die sich in der aufgehenden Sonne rötlich färbten. Es war kalt. Die Kette der meist jungen Aufsteiger aus dem Tal riß nicht ab. Sie waren zu nachtschlafender Zeit aufgebrochen. Langsam füllte sich die von Felsen und Schrofen wie eine vorchristliche Kultstätte geformte Arena. Ein Altar wurde aufgebaut, die Almer Musiker nahmen Aufstellung, und als Pfarrer Sebastian Kitzbühlter neben das große Kreuz trat, wurde es totenstill. Die feierliche Messe begann. Wieder erfuhren wir, daß diese Feiern unter freiem Himmel zum tief bewegenden Erlebnis werden.

Dann schlängelten sich die Barthlmä-Geher auf gewundenen Pfaden wie ein Tatzelwurm über die karstige Hochfläche des Steinernen Meeres, das mit seinen Dolinen und mehr als 30 Höhlen seit Anfang des vorigen Jahrhunderts geologisch erforscht wird. Erst seit 1959 kennt man die

Diesmal brachte Vorgeher Claus Morocutti 2000 Pilger mit.

„Salzgrabenhöhle" mit drei Kilometer langen unterirdischen Gängen. Für die Pilger galt seit je die Regel, bei schlechtem Wetter hinter dem Vorgeher zu bleiben. Manch einer ist auf der „verlorenen Weide" spurlos verschwunden und erst Jahre später als Skelett wiedergefunden worden – wie anno 1879 der Tagelöhner Peter Ebster oder die Enzianwurzel-Gräber Scharterer und Mitteregger, die ein paar Jahre danach im Herbst ein Schneesturm überraschte. Seit Bergsteiger sich der „Mondlandschaft" bemächtigen, gibt es rote Punkte und Wegnummern, die allerdings bei dichtem Nebel keine Garantie für glückliche Heimkehr sind.

Mit Spannung erwarteten wir die Grenzzeremonie, die nicht mehr am Baumgartl, sondern unweit des deutschen Zollhäuschens stattfindet. Ganz fern sah man schon das Kärlingerhaus (1630 m) auf der Funtenseealm. Unser Vorgänger Claus Morocutti zupfte seinen prächtigen Blumenstab zurecht und zog, die Wallfahrer hinter sich, wie ein frommer Rattenfänger von Hameln vor die deutschen Zollbeamten. „Da sind wir wieder", sagte er, „heute bringe ich euch zweitausend mit, der Zug hinter mit ist drei Kilometer lang!" Dann prosteten sie sich zu. Daß man beim Pilgern nicht „trocken" sein muß, hatten wir schon an anderer Stelle erfahren. So floß auch am Funtensee das Bier in Strömen. Die Almer spielten auf, und dann ging es durch die kühle „Saugasse" abwärts, Richtung Königssee. Die Steilwände des Simmetsberges warfen die Rufe und das Geschwätz des „Tatzelwurms", gelegentlich auch ein Trompetensolo als Echo zurück. Endlich blitzte am Hochstieg das Grünblau des Königssees durch das Geäst, und als der flache Strand erreicht war, gab es nicht wenige, die ihre Füße im Wasser kühlten oder ganz hineinsprangen. Früher haben die Pinzgauer bei der traditionellen Fußwäsche ihre zerlaufenen Schuhe hineingeworfen. Doch das tut heute niemand mehr. Der Pilger an der Schwelle des dritten Jahrtausends trägt Qualitäts-Bergschuhe an den Füßen und im Rucksack alles, was der Wanderer im Hochgebirge braucht...

In der kühlen Barockkirche von 1697 hielten sich nur wenige Gläubige auf, dagegen war der Biergarten im Gasthaus Bartholomä restlos überfüllt. Der ganz normale Alltag hatte uns wieder eingeholt. Wir warteten den Festakt zum Abschluß der Wallfahrt nicht mehr ab und genossen vom Schiff aus das Panorama mit dem Watzmann, seinen drei Kindern und der Watzmann-Jungfrau.

Das war einer jener Tage, die man nicht vergißt.

Ausgangspunkt: Maria Alm (Steinernes Meer/Salzburger Alpen), parken in Maria Alm (oder am P. zum Riemannhaus). **Gehzeiten:** Zum Riemannhaus 4 (bzw. 2 ½ Std.); Versorgungsweg, ab Materiallift Punkte bis Hütte. **Termin:** Samstag nach Bartholomäus-Tag (24.8.) um 7.30 Uhr Bergmesse am Riemannhaus. Im Strom der Wallfahrer über Kärlingerhaus nach St. Bartholomä am Königssee (Oberbayern); dort 16.30 Uhr Festakt. Schiffs- und organisierte Bus-Rückfahrt.

48

St. Silvester / Toblach (1912 m)

Vierfacher Segen soll ihr Tal vor Unheil schützen

An der Kasemattenruine beginnt der steile Kirchenpfad.

Der Toblinger Knoten ist eine 2613 Meter hohe Felsspitze über dem Drei-Zinnen-Plateau, die im Gebirgskrieg 1915 bis 1916 von österreichischen Kaiserjägern und italienischen Alpini-Soldaten erbittert umkämpft wurde.
Mit Toblach, dem einstigen Knotenpunkt der Pustertaler Eisenbahn, hat dieser Berg nur indirekt etwas zu tun: hier zweigte einst die berühmte „Dolomitenbahn" nach Cortina d' Ampezzo ab, die 1962 aus Rentabilitätsgründen eingestellt wurde. Vom Toblacher Feld, der Wasserscheide zwischen Adria und Schwarzem Meer, wußte man noch vor anderthalb Jahrhunderten zu berichten, daß „nicht selten Menschen in dieser Schnee-Einöde, besonders vom Branntwein eingeschläferte, erfroren". Noch viel früher transportierte man über Toblach Handelsware auf der „Strada d' Alemagna" von Venedig nach Augsburg.
Nach dem Ersten Weltkrieg wurde Toblach italienisch. Aber schon vorher hatten Alpinisten und Sommergäste den günstig gelegenen Ort erobert, besonders die deutschen mit ihrer schwärmerischen, bis heute ungebrochenen Liebe zu Südtirol. Das Großdorf überstand die Woge von Zuneigung fast unbeschadet, es blieb in seinem Äußeren bescheiden.
Uns interessierte, vor der phantastischen Dolomitenkulisse, eine Kapelle, die im 12. oder 13. Jahrhundert dem Papst Silvester I. geweiht wurde. Die im Gebirge von Unwetter und allerlei Raubtieren bedrohten Hirten machten ihn zu ihrem „Viehpatron". St. Silvester auf der Alm erhielt in der Folge den Segen des Brixener Bischofs Nikolaus Cusanus, was den Bittgängen um Gottes Segen für das liebe Vieh enormen Aufschwung verlieh.
Reformkaiser Josef II. bremste den Glaubenseifer seiner Landeskinder auch hier und ließ die Waldkirche 1786 schließen. Es dauerte mehr als 100 Jahre, bis man sich des verkommenen Bauwerks annahm, die mittelalterlichen Fresken restaurierte und die Bittgänge zum „Silvesterkirchlein" aus den umliegenden Gemeinden wieder aufgenommen wurden.

Mit Pfarrer und Kreuz gehen sie durchs Silvestertal, im letzten Jahr fast 100 Teilnehmer.

Nach dem ersten Blick auf die Karte erwarteten wir nichts Außergewöhnliches. Durch das Silvestertal schlängelt sich eine Almstraße (für Pkw gesperrt), während die Fahrt über die alte Militärhöhenstraße, bergwärts zum Pustertal, bis an den Fuß des Kirchbühels erlaubt ist. Der Wanderweg (Nr. 2 A) führt durch Wiesen und Wald. Kurz vor dem Ziel erreicht er den Fahrweg und die Kasematten-Ruine aus dem Ersten Weltkrieg, in deren unmittelbarer Nähe der zuletzt steile Kirchenpfad beginnt.

Nicht zum erstenmal wurden wir – wie schon in Trins (Tour 2) – eines Besseren belehrt. Die Exponiertheit des Wallfahrtsortes, das schlichte Innere, die leuchtenden Fresken im vergitterten Chorraum beeindruckten uns sehr. Und hier sahen wir in einer Nische endlich auch als Opfergabe ein geschnitztes Rind, das noch nicht, wie anderswo, im Museum landete. Unterhalb des kantigen Turms ließ der Putz ein wenig Malerei frei, anscheinend war das Gebäude ursprünglich auch außen mit Fresken geschmückt.

Die Kirche von Toblach „Zum hl. Johannes dem Täufer" gilt als die stattlichste Barockkirche des Pustertales. Aber den Pfarrer trafen wir leider nicht an. Für ihn stand uns Hans Walder Rede und Antwort. Der pensionierte Briefträger hat sich als Chronist seiner Heimatstadt einen Ruf erworben. „Die Wallfahrt zum Silvesterkirchl ist hier immer noch lebendig", erzählte er bereitwillig. „Wir gehen am Samstag nach dem Sankt-Veits-Tag mit dem Kreuz durchs Silvestertal, letztes Jahr waren es fast hundert. Gottlob haben unsere jungen Bauern die Tradition angenommen. Sie wechseln sich als Vorbeter ab." Auf dem Rückweg würden sie an allen vier Brücken des Baches das Wasser segnen, damit es nicht wieder, wie im vergangenen Jahrhundert schon viermal, schreckliche Verheerungen anrichtet. Walder machte darauf aufmerksam, daß im September, wenn alles Vieh wieder unten im Tal ist, die Kapelle geschlossen wird. Kunstsinnige könnten, unter Umständen, den Schlüssel jedoch beim Pfarrer erbitten. Seine Gemeinde und die Vierschacher, beide hinter Innichen, kurz vor der österreichischen Grenze, hätten für die Renovierung der Kirche mit den Toblachern „zusammengelegt".

Die Zeit ist in Toblach, trotz aller Bescheidenheit, nicht stehengeblieben. Zwei kleine Schlepplifte garantieren Winterbetrieb, dazu etablierte sich an der Höhenstraße die Lachwiesenhütte (1680 m), die seit 1987 auch im Sommer geöffnet hat (ab 10 Uhr, keine Lager). Die Talstraße wird zur Loipe, und in der schönen Jahreszeit haben die willkommenen Mountain-Biker - mit Familientreffen an der Kapelle - jede Menge Auslauf. Dann ist es aber sicher nicht so still wie an jenem Spätherbsttag, als wir den steilen Kirchenpfad hinaufstiegen.

Ausgangspunkt: Toblach (Hochpustertal/Südtirol), parken in Alt-Toblach (auch mit PKW, Höhenstraße bis Ruine, dann ¼ St. Steig) **Gehzeiten:** ca. 3 Std.; Weg Nr. 1a, zuletzt Höhenstraße. **Wallfahrten:** Aus Toblach 15. Juni (St. Vitus/St. Veit) durch das Silvestertal.

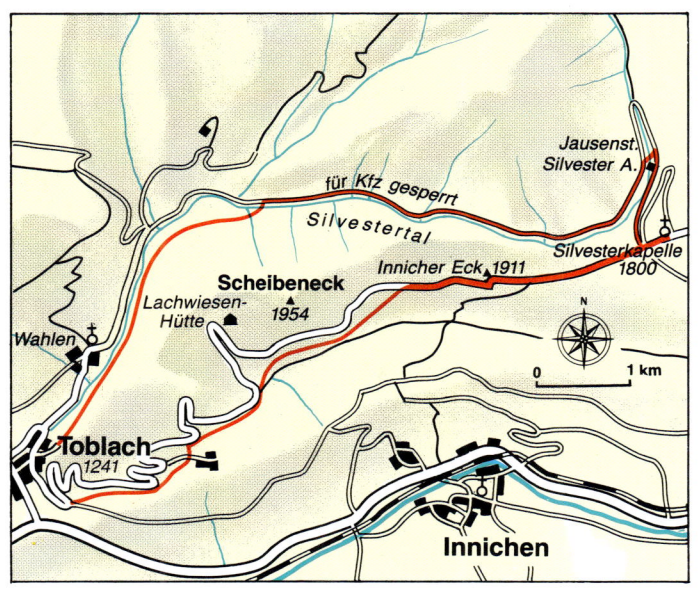

Überraschende Entdeckung im vergitterten Chorraum:

Leuchtende Fresken aus dem 15. Jahrhundert mit biblischen Szenen und lateinischen Spruchbändern.

49

Wendelinkapelle auf Schnepfegg (905 m)

Ein stiller Gruß aus längst vergangener Zeit

E i n Heiliger allein war ihnen nach allem, was sie durchgemacht hatten, zuwenig. 1636, ihre Toten waren noch nicht lange unter der Erde, bauten im hinteren Bregenzer Wald die Bizauer, die Schnepfauer, die Mellauer und die Bezauer eine Kapelle. Sie weihten sie nicht nur dem Pestheiligen Rochus, sondern auch Wendelin, dem Viehpatron, und Elegius, der seine Hände speziell über Pferde hält und von ihnen „Loy" genannt wurde.

Die Wallfahrtskirche steht auf einem verschwiegenen Platz weit über der Bregenzer Ache, an der die neue Straße (B 200) nach Bregenz entlangführt. Man mag kaum glauben, daß früher einmal der Hauptverkehr weiter oben, an der Wendelinkapelle vorbeigezogen sein soll. Hier an der alten „Alplgaß" könnten am gleichen Platz schon 200 Jahre früher, „weiland vor alten Zeiten die Schnepfegger Capellen" gestanden haben, aber mehr als daß ein Jacob Märzen dafür 20 Gulden gestiftet hat, weiß man nicht. Die jetzige haben die umliegenden Gemeinden erst vor wenigen Jahren fein herausgeputzt. „Aber nur vereinzelt finden Wanderer dorthin", klagt der Chronist, „und die Wallfahrt ist laufend zurückgegangen..."

Das war mit ein Grund, den stillen Platz aufzusuchen, zunächst von Schnepfau aus. Erst nach langem Suchen fanden wir hinter dem Berggasthaus Kanisfluh am kleinen „Alpenvereins-Hus" den Weghinweis (1 Std.) und die Kapelle. Sie steht abgeschieden auf einer hügeligen Wiese, eine Insel zwischen Laubbäumen. Im Süden erhebt sich hinter einem Waldrücken die Kanisfluh mit der Hollenke als höchstem Punkt (2044 m, ab Mellau mit Seilbahn 2 ½ Std.). Seit das hinter einer Bodenwelle versteckte bäuerliche Gasthaus geschlossen ist, scheint in der Tat kaum jemand hierher zu finden.

Leider war das kleine Gotteshaus versperrt. Daß neben Tafelbildern auch die Statuen der drei Patrone verehrt werden können, wußten wir aus der Beschreibung, und daß der Kreuzweg von Bizau aus heraufführt, entnahmen wir unserer Karte. Diesen alten Pilgerweg wollten wir kennenlernen. Über Mellau und Reuthe fanden wir nach

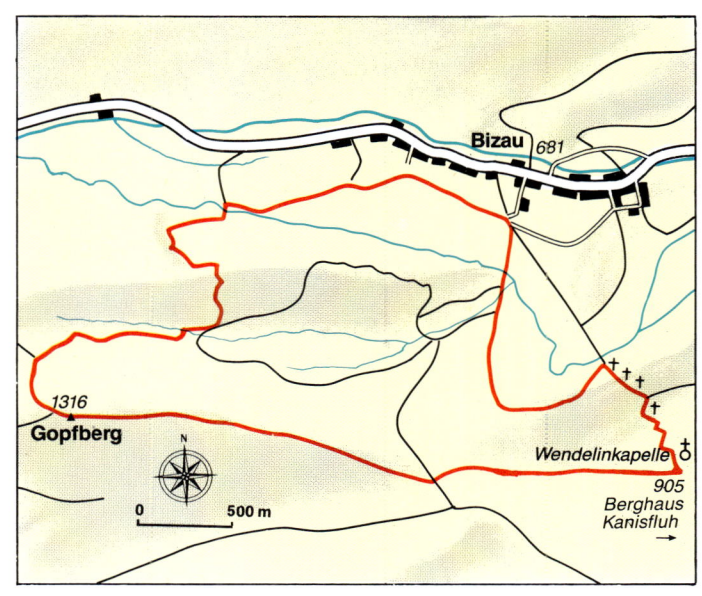

150

Verschwiegener Platz über der Bregenzer Ache: Nur vereinzelt finden Wanderer den Weg hierher.

Bizau, dem Straßendorf, dessen Zierde einige alte Bregenzer-Wald-Holzhäuser sind.

Der Ort wird von zwei Bächen umflossen, die das „Pfützower Feld" regelmäßig unter Wasser setzen. „Pfütze" - der Urname von Bizau. Der Tourismus entwickelte sich sanft, auch nachdem 1970 ein Sessellift auf die Hirschbergalm gebaut und der Hirschberg (1834 m) mit drei Schleppliften für den Winter aufgerüstet wurde. Das Land blieb bäuerlich wie der Kreuzweg, der sich anfangs als Hohlweg in tief ausgefahrenen Spuren durch alten Laubwald in die Höhe windet. An den Bäumen zwölf Stationen der Leiden Christi, deren Rahmen man anläßlich der Feiern zum 350. Geburtstag der Kapelle erneuerte. Damals sollen mehrere hundert Menschen zum Gottesdienst auf die Schnepfegg gewandert sein.

Wir trafen niemanden. Wahrscheinlich, weil nichts Spektakuläres die Fremden lockt. Die Einheimischen hingegen halten am Wendelinstag fest, wenn unter buntem Laub vor der Kapelle die Messe gefeiert wird. Einziges Zugeständnis an die modernen Umstände: Sie verlegten ihn auf den Sonntag danach.

Ausgangspunkt: Bizau (Schnepfau/Bregenzer Wald), parken im Ort. **Gehzeiten:** ca. 4 Std.; Wegweiser Schnepfegg-Rundweg über Gopfberg. Gottesdienst am Sonntag nach 20.10. (Wendelintag).

50
Bittgänge zur Königin der europäischen Völker

Maria auf Luschariberg (1789 m)

Oben begann es zu regnen, und aus dem Nebel tauchten

Unsere Wanderungen auf Pilgerpfaden enden in der „Stadt des Glaubens"; vor dem Ende der Donaumonarchie war sie der berühmteste Gnadenort Kärntens.
Wie kam es zur religiösen Bewegung der Pilgerzüge, an der die katholischen Gläubigen, trotz aller verordneten Unterbrechungen, bis heute festhalten? Es begann mit der Entdeckung des Jakobus-Grabes im spanischen Santiago de Compostela um 830 - eine Legende? Jakobus der Ältere gehörte zum Jüngerkreis Jesu, Herodes Agruppa I. ließ ihn 44 n. Chr. hinrichten. Das ist erwiesen. Über seinen Gebeinen errichtete man, noch vor der Jahrtausendwende, eine Basilika, die seit dem 11. Jahrhundert so berühmt ist wie die Wallfahrtsstätten in Rom und Mekka. Von weither zogen Pilger damals auf „Jakobswegen" nach Spanien, um den göttlichen Segen für ihre Anliegen zu erflehen. Sie erhoben St. Jakob schließlich zum Patron aller Wallfahrer. „Sei mir gegrüßt, du hoher, heiliger Berg, du stolzer Ruhm des Kärtnerlandes, du kostbares Juwel im Steingeschmeide der Julischen Alpen!" So beginnt eine hymnische Abhandlung über „Maria Luschari", die zu Zeiten des seligen Kaisers Franz Josef vor dem Ersten Weltkrieg verfaßt wurde. Nach dem Zerfall der Donaumonarchie geriet der Kirchenberg zwischen Arnoldstein und Tarvis an Italien, was der Beliebtheit des „Santuario", des Wallfahrtsortes am Monte di Lussari, keinen Abbruch tat. Eine neue Kabinenbahn neben der verrosteten alten bringt sie heute alle hinauf: Kärntner, die ihm über die Grenze hinweg die Treue halten, Jugoslawen und viele, sehr viele Italiener. Die Prospekte sind in drei Sprachen abgefaßt.
Wir wanderten bei noch gutem Wetter über den „Mulattiera Monte Lussari", den alten Saumpfad, hinauf. Als wir oben ankamen, begann es zu regnen. Nebelschwaden umhüllten den Gipfel. Und nur zeitweise tauchten aus dem tristen Grau ein paar Häuser und die Kirche auf. Im Ersten Weltkrieg waren sie zwischen die Kampflinien geraten und total zerstört worden. Nach dem Wiederaufbau

gespenstisch ein paar Häuser und Lichter auf.

richtete das schwere Erdbeben von 1976 große Schäden an, die immer noch nicht restlos beseitigt sind.
Die Erregung der Gläubigen übertrug sich auch auf uns. Wie sie suchten wir Schutz unter den tropfenden Markisen der Andenkenbuden und warteten auf die nächste Heilige Messe der Franziskaner. Sie halten ihre Gottesdienste in drei Sprachen. Zu beiden Seiten des Hauptaltars leuchten an den Beichtstühlen („Deutsch", „Italiano", „Slowenski") Lämpchen auf, wenn die Patres bereit sind. Das Gnadenbild, eine kostbar gekleidete Lindenholzstatue Mariens aus dem 14. Jahrhundert, wird als „Königin der europäischen Völker" verehrt. In einem ihr gewidmeten Gebet heißt es: „Gib' daß hier, wo drei Völker einander begegnen, Romanen, Slawen und Germanen, diese Völker mit gegenseitiger Achtung und gemeinsamen Bemühen für die christliche Kultur miteinander leben..."
Es gibt nur vage Zeugnisse aus der Vergangenheit dieser Wallfahrt. 1960 feierte man ihren 600. Jubiläumstag. Die Madonna überstand alle Fährnisse der Kriege und der Säkularisation in der Kirche von Saifnitz (Camporosso). Das Kircheninnere ist mit Fresken aus den zwanziger Jahren geschmückt.
Zu Kaisers Zeiten waren – im Sommer – Schlittenfahrten talwärts ein viel bejubeltes Vergnügen. Die Führer der unförmigen Rodler verlangten fünf Kronen. Die Fahrt „über Stock und Stein, Baumwurzeln und Geröll" dauerte 25 Minuten. Heute setzt man mehr auf den Winter. Ein kleiner Schlepplift unter der Kuppe des Monte Lussari macht's möglich.

Ausgangspunkt: Tarvisio (Julische Alpen/Italien), parken in Camporosso, gegenüber Shopping-Center, hinter den Schienen (auch mit Seilbahn in Valbruna zum Kirchenberg). **Gehzeiten:** 2 ½ bis 3 Std.; Mulattiera-Weg Nr. 613. Wallfahrtsmessen vom 24.6. bis Oktober um 9.30, 10.30, 12.00 und 15.00 Uhr.

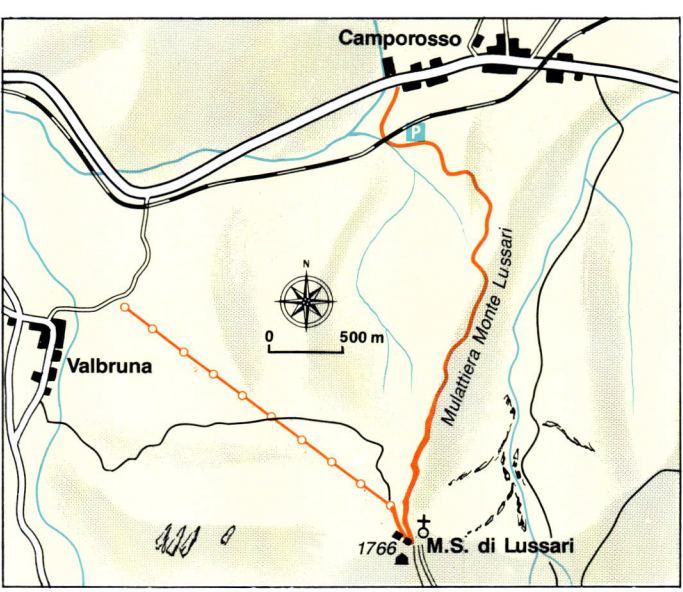

Orts- und Wanderkarten-Register

Tour
- 28 Aberstückl (I-Sarntal) KK 53, f+b WKS 1
- 10 Barbian (I-Eisacktal) KK 56, f+b WKS 1
- 1 Bergen (D-Chiemgau) KK 12
- 49 Bizau (A-Vorarlberg/Bregenzer Wald) f+b WK 364
- 21 Bleiberg (A-Kärnten/Villach) f+b WK 224
- 27 Buchboden (A-Vorarlberg/Großes Walsertal) KK 32, f+b WK 371
- 45 Dalaas (A-Vorarlberg/Klostertal) KK 32, f+b WK 371
- 46 Deutschnofen (I-Leifers/Eisacktal) KK 54+74, f+b WKS 1+7
- 31 Dorfgastein (A-Salzburg/Gasteiner Tal) KK 40, WK 191
- 5 Ettenhausen (D-Chiemgau/Geigelstein) KK 10
- 33 Ferlach (A-Kärnten/Rosental) KK 65, f+b WK 234
- 38 Ferleiten (A-Salzburg/Fuscher Tal) KK 39, f+b WK 122
- 9 Fischbachau (D-Schliersee/Wendelstein) KK 8
- 36 Gampenjoch (I-Lana/Etschtal) KK 53, f+b WKS 1
- 13 Garmisch-Partenkirchen (D-Werdenfelser Land) KK 5
- 34 Hopfgarten (A-Tirol/Brixental) KK 81, f+b WK 301
- 32 Johnsbach (A-Steiermark/Gesäuse) KK 70
- 7 Judenburg (A-Steiermark/Zirbitzkogel) f+b WK 231
- 44 Kaltenbrunn (A-Tirol/Kaunertal) KK 43, f+b WK 251
- 35 Kirchberg (A-Tirol/Brixental) KK 81, f+b WK 301
- 30 Latsch (I-Untervinschgau) KK 52, f+b WKS 2
- 4 Latzfons (I-Klausen/Eisacktal) KK 56, f+b WKS 1
- 6 Lofer (A-Salzburg/Paß Strub) KK 13, f+b WK 101

Tour
- 47 Maria Alm (A-Salzburg/Steinernes Meer) KK 40+14, f+b 102+103
- 19 Maria Saalen (I-Pustertal) KK 56, f+b WKS 3
- 40 Mariazell (A-Steiermark/Hall-Tal) f+b WK 2+3 (1:100 000)
- 3 Matrei am Brenner (A-Tirol/Wipptal) KK 36, WK 241
- 24 Matrei in Osttirol (A-Tirol/Felber Tauern) KK 36, f+b WK 123
- 20 Mixnitz (A-Steiermark/Bruck an der Mur) f+b WK 131
- 25 Olang (I-Pustertal/Bruneck) KK 57, f+b WKS 3
- 26 Panzendorf (A-Tirol/Hochpustertal) KK 58, f+b WK 182
- 37 Pedratsches (I-Gadertal/Badia) KK 57, f+b WKS 5
- 14 Puchberg (A-Niederösterreich/Schneeberg) f+b WK 022
- 18 Rangersdorf (A-Kärnten/Mölltal) KK 49, f+b WK 181
- 41 Reinswald (I-Durnholzer Tal/Sarnthein) KK 56, f+b WKS 1
- 16 Saalfelden (A-Salzburg/Steinernes Meer) KK 30, f+b WK 101
- 11 Sarnthein (I-Penser Joch) KK 56, f+b WKS 1
- 8 Seckau (A-Steiermark/Knittelfeld) f+b WK 21 (1:100 000)
- 39 St. Andrä (I-Brixen/Eisacktal) KK 56, f+b WKS 4
- 23 St. Lorenzen (I-Pustertal/Bruneck) KK 57, f+b WKS 3
- 17 St. Gerold (A-Vorarlberg/Großes Walsertal) KK 32, f+b WK 371

Tour
29 St. Ulrich (I-Grödner Tal/Waidbruck) KK 54, f+b WKS 5
15 St. Veit (A-Kärnten/Glantal) KK 134, f+b WK 231
22 Tarrenz (A-Tirol/Fernpaß) KK 35, f+b WK 252
50 Tarvisio (I-Camporosso/Val Canale) f+b WK 14 (1:100 000)

Tour
43 Taxenbach (A-Salzburg/Salzachtal) KK 40, f+b WK 191
48 Toblach (I-Hochpustertal)
42 Trafoi (I-Stilfser Joch) KK 72, f+b WKS 6
 2 Trins im Gschnitztal (A-Tirol/Steinach) KK 36, f+b WK 241
12 Walten (I-Jaufenpaß) KK 44, f+b WKS 8

Abkürzungen:
A = Österreich; D = Bayern; I = Südtirol/Italien;
KK = Kompaßwanderkarte (1:50 000);
f+b = freitag & berndt (1:50 000)

Literatur

Aichinger, J.: 200jähriges Jubiläum einer Bergkirche. Mitteilungen des DuOeAV 1892.
Alpenvereinsjahrbuch 1969 und „Berg 88".
Andritsch, Johann: Unser Judenburg; Wanderführer, Judenburg 1967.
Bertholet, Alfred: Wörterbuch der Religionen, Stuttgart 1985.
Delago, Hermann: Dolomiten Wanderbuch, Innsbruck 1969.
Dobler, Eugen: Heimatkunde für das Große Walsertal, Verkehrsverband Raggal 1981.

Dollinger, Inge: Tiroler Wallfahrtsbuch, Innsbruck 1982.
Dopsch, Heinz / Spatzenegger, Hans: Geschichte Salzburgs, Salzburg 1988.
Fischer, Bernd: Pinzgauer Wallfahrt und Geschichten aus Zell am See, Neukirchen-Seelscheid 1985.
Fritz, Wolfgang / Sperandio, Hans: Kristberg, Silbertal 1977.
Gasparics, Hermann C.: Mariazellerweg 06, Wien 1982.
Gerndt, Helge: Vierbergelauf, Gegenwart und Geschichte eines Kärntner Brauchs, Klagenfurt 1973.

Gruber, Karl: Südtiroler Wallfahrten, Bozen 1989.

Gugitz, Gustav: Österreichs Gnadenstätten in Kult und Brauch, 5 Bände, Wien 1956.

Gugitz, Gustav: Kärntens Wallfahrten im Volksglauben und Brauchtum, Carinthia I, Heft 1-3/1951.

Heimatbuch Kiens / Pustertal, Verkehrsverein.

Hinterseer, Sebastian: Gastein und seine Geschichte, Gastein 1985.

Hoppe, Alfred: Des Österreichers Wallfahrtsorte, Wien 1913.

Jobst, Vinzenz: Der Vierbergelauf, St. Michael 1984.

Kafka, Karl: Kärntner Wehrkirchen, Klagenfurt 1960.

Kapfhammer, Günther: Brauchtum in den Alpenländern, München 1977.

Kleine Kirchenführer: Schnell / Steiner, München; Peter und Risch, Salzburg; Pfarrämter.

Kleines Handbuch österreichischer Marienwallfahrten, Klagenfurt.

Lahnsteiner, Josef: Pinzgau, 3 Bände, Selbstverlag Hollersbach 1956/1960.

Mahlknecht, Bruno: Sarntal, Bozen 1976.

Mairhofer, Hans: Toblach und Umgebung, Bozen 1978.

Mätzler, Fridolin: Bregenzerwaldheft 6/1987, Alberschwende.

Menara, Hanspaul: Südtiroler Schutzhütten, Bozen 1978.

Mitteilungen des DuOeAV 1886 und 1933.

Neuhardt, Johannes: Wallfahrten im Erzbistum Salzburg, Salzburg 1982.

Petrei, Bertl: Jahrtausende ziehen mit uns, Klagenfurt 1986.

Pflaum Barbara / Meysels Theodor: Via Sacra, Wien 1962.

Pichler Anton / Böhm, Wilhelm: Wege zu Hoffnung und Gnade. Österreichs Gnadenorte und Wallfahrten, Salzburg 1985.

Rampold, Josef: Pustertal · Vinschgau, Bozen 1980.

Reinmichls Volkskalender 1981, Bozen 1980.

Südtiroler Hauskalender, Bozen 1983.

Schaumann, Walther: Führer zu den Schauplätzen des Dolomitenkrieges, Cortina d'Ampezzo 1973.

Schemmann, Christine / Karlheinz: Der achte Himmel, Stuttgart 1986.

Schemmann, Christine: Die Tauern im Zeitraffer, Salzburg 1990.

Schrott, Balthasar: Das Latzfonser Kreuz, Bozen 1978.

Schwinghackl, Anton: Der Einsiedler von Maria Saalen, Bozen 1980.

Stupnitz, Maria / Zaworka, Josef: Die Kirche auf dem Dobratsch, Bleiberg 1985.

Tiroler Heimatblätter, Heft 7/9 - 1957, Innsbruck.

Tomaschek, Johann: 850 Jahre Johnsbach, Festschrift 1989.

Vierthaler, Franz Michael: Reisen durch Salzburg, Salzburg 1799.

Wagner, Chr. / Kittel J.: Auf den Fährten der Wallfahrer, Salzburg 1986.

Wieneroiter, Franz: Die Einsiedelei, Saalfelden 1984.

Wieser, Anton: Der Vierbergelauf, Klagenfurt 1981.